홀가분한 삶

MIGARU NI KURASU-MONO, IE, SHIGOTO, 40DAIKARANO SEIRIJUTU by Rie Ishikawa
copyright ⓒ Rie Ishikawa, 2013
All rights reserved.
Original Japanese edition published by Gijyutsu-Hyoron Co., Ltd.
Korean translation copyright ⓒ 2015 by Simple Life
This Korean edition published by arrangement with Gijyutsu-Hyoron Co., Ltd. Tokyo.
through HonnoKizuna, Inc., Tokyo, and BC Agency, Seoul.

이 책의 한국어판 저작권은 BC 에이전시를 통한 저작권자와의 독점계약으로 심플라이프에 있습니다.
저작권법에 의해 한국 내에서 보호를 받는 저작물이므로 무단전재와 복제를 금합니다.

홀가분한 삶

그들은
어떻게 일과 생활,
집까지
정리했나?

이시카와 리에 지음
김윤경 옮김

심플라이프

prologue

나다운
삶을
모색하다

나이 들면서 점점 좋아지는 것 중 하나는 주변을 둘러볼 여유가 생겼다는 점이다. 요즘은 사람이 사는 데 꼭 필요한 건 생각보다 많지 않다는 생각을 부쩍 자주 한다.

어른이 되면 생각지도 못한 일이나 역할을 짊어지게 된다. 예기치 못한 인생 굴곡도 경험하게 된다. 자신의 힘으론 도저히 해결할 수 없는 일을 맞닥뜨리는 경우도 많다. 그래서일까. 적어도 스스로 내려놓을 수 있을 때, 그런 의지가 있을 때 조금씩 주변을 정리해야 한다는 생각이 강해졌다.

나는 나이가 더 들어서도 내가 하고 싶은 일을 하고, 좋아하는 것을 추구하며 살고 싶다. 또 설레는 일이 눈앞에 펼쳐졌을 때 망설임 없이 다가갈 수 있는 용기와 환경을 갖고 싶다. 어디에도 얽매이지 않은 채 삶과 생각이 단출하고 홀가분해야 가능한 일이다. 그러기 위해서는 먼저 넘치는 물건이나 생각을 덜어내고 최대한 가벼워져야 한다.

물론 지금 가진 집이나 물건, 오랫동안 지켜온 생활방식은 소중하다.

힘겹게 일궈낸 만큼 지금의 나를 표현해주는 또 다른 나의 모습이기도 하다. 하지만 곰곰이 생각해보면 과연 지금 나의 삶이 간절하게 원해서 얻은 것인지, 환경에 맞춰 살다 보니 어쩌다 갖게 된 것인지 의구심이 들 때가 있다.

만약 자신에게 맞지 않는 삶이라면 과감하게 정리하고 홀가분해질 필요가 있다. 가진 것에 지나치게 집착하면 진짜 내면의 소리를 듣지 못하게 되기 때문이다. 불필요한 짐을 덜어낼수록 삶은 가벼워지고 덜어낸 크기만큼 여유가 생긴다.

다양한 연령대의 인물 여섯 명이 겪은 삶의 변화를 이 책에 담았다. 평범하지만 하나같이 열심히 자신의 삶을 일군 이들이다.

어느 날 문득 삶이 정답을 들고 나타나는 경우는 드물다. 지금 우리 앞에 서 있는 누군가의 삶은 그가 겪은 수많은 우여곡절과 경험의 총합이다. 모쪼록 이 여섯 사람의 삶이 생활에 아이디어가 되고, 진정한 소유와 정리에 대해 생각해보는 기회가 되었으면 좋겠다.

Contents

prologue 나다운 삶을 모색하다 4

 홀가분한 삶에 관한 이야기

Life 01
요시모토 유미
60대, 고향으로 돌아가다 ──── 10

"친구와 멀리 떨어지는 것은 아쉽지만 자유를 갈망하는 마음이 더 강했어요."

Life 02
야마자키 요코
40대, 생활을 리셋하다 ──── 32

"새로운 삶을 시작해도 늦지 않은 나이, 낯선 설렘이 삶의 원동력이 된다."

Life 03
오쿠보 기이치로 / 오쿠보 미쓰코
40대, 가게를 차리다 ──── 50

"정년까지 기다렸다면 불가능했을 것."

Life 04
야마나카 도미코
50대, 집을 리모델링하다 ──── 70

"주거 환경이 만족스러우면 저절로 행복해져요."

Life 05
에다모토 나호미
50대, 사회 활동에 참여하다 ────── 92

"타인의 평가에서 벗어나 자신만의 기준을 세워라."

Life 06
나이토 미에코
70대, 아들네 가족과 함께 살다 ────── 110

"나이들수록 즐거운 일에 눈을 돌려라.
변화를 어떻게 받아들일지는 자신의 몫이다."

Part 02 홀가분한 삶의 실천편

1. 기쁘게 소유하라 ────── 132
2. 기분 좋게 줄여라 ────── 140
3. 죽음을 생각하라 ────── 150

column 거주 12년째의 정리 기록 145
epilogue 홀가분하게 산다는 것의 진짜 의미 160

Part 01

홀가분한
삶에
관한
이야기

Life 01

요시모토 유미

60대,
고향으로 돌아가다

"친구와 멀리 떨어지는 것은 아쉽지만
자유를 갈망하는 마음이 더 강했어요."

요시모토 유미(吉本由美)
1948년생. 미술학교인 세쓰모드 세미나를 졸업했다. 잡지 〈스크린〉 편집부에서 일했으며 유명한 일러스트레이터 오하시 아유미의 어시스턴트로 활약했다. 그 인연으로 〈앙앙〉지에 연재된 무라카미 하루키의 〈무라카미 라디오〉의 일러스트 편집을 맡기도 했다. 이후 직업을 바꿔 일본 최초의 인테리어 스타일리스트로 승승장구했다. 최근엔 집필 활동에 전념하면서 다양한 저서를 출간하고 있다. 주요 저서로 『혼자 사는 기술, 고양이가 좋아』 『멋지게 나이 들고 싶다』 등이 있으며, 무라카미 하루키, 쓰즈키 교이치와 함께 『도쿄 말린 오징어 클럽 지구를 벗어나는 법』을 썼다. '여기는 구마모토!'라는 블로그를 운영하고 있다.

kumamonne.blog.fc2.com

'나는 어떤 일을 하고 싶지?'
20대, 끊임없이 갈등하다

요시모토 유미 씨를 한 마디로 표현하면 '혼자 살기의 달인'이다. 열여덟 살에 '내가 좋아하는 것에 둘러싸여 살고 싶다!'는 생각으로 부모 곁을 떠나 도쿄로 향했다. 그로부터 40년 동안 고양이들과 첼로를 이끌고 일곱 번이나 이사를 다녔다.

"제 생활 리듬대로 느긋하게 지내는 게 좋아요. 그래서 누군가와 함께 사는 생활은 잘 상상이 되지 않아요."

그녀는 끊임없이 갈등과 결단을 되풀이하면서도 자신이 선택한 길을 꿋꿋이 걸어왔다.

요시모토 씨는 1948년 규슈의 구마모토에서 삼남매 중 둘째로 태어났다. 어릴 때부터 영화를 좋아한 덕분에 상상력이 풍부해져 동물 사육사, 만화가, 건축가 등 다양한 직업에 매혹되었고, 틈만 나면 만화와 설계도를 그리면서 자신만의 세계에 빠져들었다.

도쿄로 올라온 후에는 미술학교에 다니며 영화 잡지 〈스크린〉의 편집부에 들어갔다. 그러다 지인의 소개로 일러스트레이터이자 디자이너인 오하시 아유미(大橋歩, 주간지 〈헤이본 펀치〉의 표지 일러스트를 창간호부터 그린 걸로 유명하다 - 옮긴이)의 어시스턴트가 되었다. 그 인연으로 잡지 〈앙앙 an·an〉에 무라카미 하루키의 〈무라카미 라디오〉의 일러스트 편집을 맡기도 했다.

이후 우연한 기회에 잡화와 인테리어 코디네이터로 일하게 되었고 이십대 중반엔 일본 최초의 '인테리어 스타일리스트'로 이름을 날렸다. 곁에서 보기엔 순탄하게 단계를 착착 밟으며 남들이 선망하는 직업을 손에 넣은 것처럼 보이지만 나름대로 갈등도 많았다.

"일을 하다 보니 어느새 스타일리스트가 되어 있더라고요. 하지만 갈등도 많았어요. 일은 무척 즐거웠지만 스스로 선택한 직업이 아니다 보니 이대로 괜찮은 건지 늘 고민이 되더군요."

마음이 흔들릴 때 마침 다른 영화 잡지사에서 편집자 스카우트 제의가 들어와 선뜻 응했다.

"그런데 그게 보통 힘든 일이 아니었어요. 편집장과 둘이서 외화와 일본 영화를 모두 다루는 잡지를 만들었는데 둘 다 그 방면에는 초보인지라 얼마나 힘들었는지 몰라요. 무리를 하는 바람에 편집장이 쓰러지기도 했고, 너무 바빠서 밤을 새우는 날도 부지기수였죠. 그러다 보니 제 안에서는 다시 스타일리스트로 촬영을 하고 싶은 욕구가 스멀스멀 올라오더라고요. 예쁜 소품을 보면 '아! 스타일리스트 일을 다시 하고 싶어!' 하는 마음이 싹트기 시작했어요."

2년간의 공백기를 거쳐 서른 살에 스타일리스트로 복귀했다. 다시 택한 만큼 마음가짐도 완전히 달라졌다.

"스스로 원해서 스타일리스트가 되어서인지 마음이 예전과는 완전히 다르더군요. 일이 미치도록 재미있는 거예요. 30대가 되니까 그동안 쌓아온 경험에 체력까지 더해지고 호기심도 왕성했지요. 인생 최고조의 시기였다고나 할까요."

스타일리스트로서 〈앙앙〉〈올리브Olive〉〈크루아상croissant〉〈엘르 자폰Elle Japon〉 등 수많은 인기 잡지를 담당했다. 열심히 일하는 동안 수입도 늘어나서 작은 아파트도 하나 장만할 수 있었다.

스타일리스트를 폐업하다!
물건으로 둘러싸인 생활에서 탈출

30대는 그렇게 분주하게 보냈다. 하지만 40대로 접어들자 다시 갈등이 생겼다. 스타일리스트 일을 시작했을 당시에는 화려한 인테리어에 어울리는 물건이 귀한 시절이었다. 그만큼 적절한 소품을 찾아내 제안하는 재미가 컸고 그 재미에 빠져 의욕을 불태웠다. 하지만 물자가 풍부해지고 잡화 붐이 일어나자 마치 자신이 소비를 부추기는 역할을 하는 것은 아닌가 하는 회의가 들었다. 게다가 인테리어 소품을 취급하는 가게들이 많아지면서 정보를 검색하는 일만 해도 몇 배의 시간이 걸렸다. 점점 기력과 체력의

스타일리스트로 일하던 시절의 촬영용 스케치. 사전에 수없이 음미하고 준비하는 성격이라 스케치한 그대로 촬영을 진행하는 경우가 많았다. 프로 중의 프로였다.

한계마저 느꼈다. 무엇보다 '촬영에 필요할지도 몰라' 또는 '한 번 써볼까?' 하는 생각으로 가져온 소품들이 집 안을 가득 채우면서 더 이상 참을 수 없는 지경에 이르렀다.

"10년 동안 정말 열심히 달려왔어요. 번아웃까지는 아니지만, 이만 하면 되지 않겠나 하는 생각이 자주 들었지요."

요시모토 씨는 곧 일선에서 물러났다. 그리고 가뿐하게 살고 싶다는 바람 하나로 방 두 개짜리 아파트에서 한 개짜리로 이사도 강행했다. 집이 넓으면 아무래도 물건을 잔뜩 쌓아두게 되기 때문이다. 마음먹은 김에 집에 넘쳐나는 물건들은 벼룩시장에 몽땅 갖고 나가 처분하고 임대하던 아파트도 팔았다. 꼭 필요하지 않은 물건은 더 이상 소유하지 않기로 삶의 방향을 정한 것이다.

"이제 인테리어 소품을 찾아다니지 않아도 된다고 생각하니 오히려 기쁘더라고요. 안도감이 들었어요."

하지만 편안한 마음이 든 것도 잠시였다. 스타일리스트 때부터 간간이 글을 써왔던 요시모토 씨는 어렵지 않게 수필가로 생활을 해나가고 있었다. 하지만 차츰 글을 쓰는 일도 마음이 편치 않았다.

"간절히 작가가 되고 싶다기보다 스타일리스트라는 일 때문에 쓰기 시작한 글이잖아요. 과연 글 쓰는 프리랜서로 계속 살 것인지 의구심이 생겼어요. 결국 아니라는 생각이 들었죠. 무엇보다 집 안에 틀어박혀 글을 쓰다 보니 사람을 만날 기회가 없더라고요. 일주일 동안 한 마디도 하지 않고 지낼 때도 많았어요. 고립되는 느낌이랄까. 사람들과 이야기가 하고 싶어서 가게를 차릴까 하는 생각도 해봤어요."

막연하게 찻집을 열면 좋을 것 같아서 한 여성이 운영하는 가게에 상담하러 갔다가 돈벌이가 안 되니 하지 말라는 충고를 듣고 포기한 적도 있다. 호텔 취재를 계기로 객실 청소원 모집 요강을 알아보다가 입사 시험을 봐야 한다고 해서 단념하기도 했다.

하지만 거기서 포기하지 않고 자신이 잘 할 수 있고, 좋아하는 일이 무엇인지 알기 위해 꾸준히 조사를 해나갔다. 그리고 조사를 끝낼 무렵 흥미를 갖게 된 직업은 바텐더였다.

"지인에게 소개받아 바에서 바텐더 수업을 받았어요. 그런데 이게 생각보다 굉장히 재미있지 뭐예요. 그 후 10년이나 계속했답니다. 놀랍지 않아요? 일주일에 한 번씩 배우러 갔는데, 그 시간이 너무 즐거워서 바텐더가 되겠다는 욕심은 사라지고 그냥 이대로 즐기는 것도 좋겠다는 생각이 들었어요. 이래 뵈도 바텐더 연수생 중에는 프로예요.(웃음)"

즐거운 일이 생기자 글을 쓰는 일도 더 풍성해졌다. 평소에는 집에서 글을 쓰고 일주일에 한 번 가게에 나와 손님을 맞는 생활은 의외로 균형이 잘 맞았다. 작가와 바텐더라는 전혀 다른 두 가지 일을 병행하면서, 언젠가 바텐더 일을 직업으로 삼게 될 수도 있다는 생각이 프리랜서가 느끼는 불안감을 조금이나마 다잡아준 것이다.

노후의 즐거움을 남겨두자

일에서 어떤 길을 선택해야 할지 갈등이 심했지만 나이 들어간다는 사실은 오히려 긍정적으로 마주한 편이다. 당시 펴낸 에세이에도 썼듯, 젊었을 때부터 괜찮은 돋보기 안경테를 발견하면 사 모으거나 나이가 들면 입고 싶은 옷들을 골라 옷장 안에 넣어두었다. 물론 늙어서 입을 옷을 일부러 사는 건 아니지만 몇 번 입어본 다음 나이가 들었을 때 더 어울릴 것 같은 옷들은 잘 손질해서 넣어두는 식이다. 옷도 스웨터나 카디건 등 디자인이 단순하면서도 수수한 옷을 좋아한다.

"막상 나이가 들어서 찾으려고 하면 체력도 달릴 거고, 마음에 드는 옷이 눈에 띄지 않을 수도 있으니까요."

이처럼 요시모토 씨에게는 '멋진 할머니로 늙는 것'이 오랫동안 지녀온 중요 관심사다. 취미로 첼로를 꾸준히 연습한 것도 이런 연유에서다.

20대 후반, 친구의 권유로 밴드 동아리에 들어갔다가 '내게 어울리지 않을 것 같은 악기를 배워보자'는 호기로 첼로를 샀다. 하지만 얼마 안 가 밴드가 흐지부지되는 바람에 첼로는 켜보지도 못한 채 애물단지가 되고 말았다. 체격이 자그마해서 커다란 첼로를 갖고 다니기조차 버거웠지만 처분도 하지 못하는 상황이 계속됐다. 가끔 연습을 하고 싶어도 소음이 이웃에 폐가 될까 봐 참아야 했고, 연습을 할 만한 방을 빌리기도 어려워 한동안 연주를 하지 않고 방치했더니 나중에 조율하는 데만 10만 엔이나 들었다. 얼른 처분하고 싶은 마음에 친구에게 주었지만 친구 역시 켤 일이 없다면서 금세 되돌려주고 말았다.

세월이 흐르고 마침내 미루기의 한계에 다다른 어느 날 악기 전문점을 발견하고 들어가 물었더니 주인은 첼로를 인수할 수 없다면서 "직접 켜시는 게 어때요?"라며 학원에서 배우기를 권했다. "저는 손도 작은 데다 이제는 악보도 잘 외워지질 않아서요." 하고 대답했더니 학원에는 여든 살 할머니도 배우고 있다는 게 아닌가. 용기를 내어 그 학원에 가보니 정말 한 할머니가 우아하게 첼로를 켜고 있었다.

"'저도 배울래요!' 하고 바로 대답했죠.(웃음)"

"바이올린은 나이 든 사람에게 잘 안 어울리지만, 첼로는 정말 잘 어울리는 악기라고 느꼈어요. 소리가 예쁘잖아요. 낮은 음을 내기 때문에 음역대도 잔잔하고요. 그때 전 50대였는데, 여든 살까지 앞으로 적어도 20년 넘게 연주할 수 있겠구나 싶은 생각에 그때부터 조금씩 연습하게 되었지요."

고향으로 돌아가기로 결정하니 마음이 가벼워졌다

하루하루 생활은 순조롭게 흘러가는 것처럼 보였지만 50대 중반을 넘어서자 또다른 갈등이 앞을 가로막았다.

"예순을 눈앞에 두고 '이대로 도쿄에서 나이를 먹어가는구나' 생각하니 초조한 마음이 고개를 들더군요. 사실은 줄곧 복잡한 도쿄를 떠나 다른 곳에서 살고 싶었거든요. 더 나이가 들면 내가 아무리 원해도 일을 하지 못하게 되는 때가 오잖아요. 실은 취재차 지방에 내려갈 때마다 '이곳에 살면 어떨까?' 하면서 도쿄를 벗어날 궁리를 하고 있었어요."

마땅히 살 만한 곳을 찾지 못한 채 시간이 흘렀고, 그 사이 고향집에서 간병을 받고 있던 부모님이 요양 시설로 들어갔다. 구마모토에 있는 본가가 빈집이 되었다.

"고향집에 갔을 무렵, 그러니까 2년쯤 전이었나. 그때만 해도 구마모토로 돌아갈 생각이 조금도 없었기 때문에 가끔 청소를 하러 다니는 게 쉬운 일이 아니었어요. 빈집이니 기껏 깨끗이 청소를 해놔도 다시 먼지가 쌓이잖아요. 비가 들이치지 않도록 덧문을 닫고 열쇠로 잠그면 마치 집이 '날 이렇게 내버려둬도 되는 거야?' 하고 말하는 것 같았어요. 매번 돌아오는 발걸음이 굉장히 무거웠지요. 그러던 어느 날 '차라리 내가 여기서 사는 게 편하지 않을까?' 하는 생각이 퍼뜩 들었어요. 그 순간, 머릿속에 꽉 차 있던 구름이 확 걷히면서 마음을 짓누르던 부담이 말끔히 사라졌어요. 부모님도 자주 찾아뵐 수 있고, 누가 고향집으로 내려갈 것인지를 두고 형제들과 의논해야 하는 번거로움도 겪을 필요가 없어졌죠. 고향을 몇십 년이나 떠나 있었기 때문에 마치 낯선 동네처럼 신선하게 느껴졌고 지방에 살고 싶다는 소망도 한꺼번에 이루어지는 셈이고요. 게다가 고양이도 키울 수 있고 첼로도 마음껏 켤 수 있게 된 거죠.(웃음) 일이 마음에 걸리긴 했지만, 뭐 어차피 그렇게 글을 많이 쓰지도 않는 데다 마침 연재가 막 끝난 터라 지금이 기회다 싶었어요. 도쿄는 집세가 비싸서 집값을 내기 위해서라도 일을 해야만 하니 은근히 부담이 컸거든요. 그러니 본가로 돌아가면 경제적인 부담이 없어진다는 점도 마음이 편했죠."

→
레코드와 CD도 절대 버릴 수 없는 소중한 물건이다. 이 집에 온 뒤 음악을 들으며 느긋하게 휴식을 즐기는 시간이 늘어나면서 역시 버리지 않길 잘했다고 생각한다.

구마모토로 돌아갈 때 집에 있던 물품들은 대부분 처분했지만 각지에서 모은 돌멩이는 도저히 버릴 수 없었다. "원래 있던 자리에서 떠나고 싶지 않았을 돌멩이들을 내가 '소중하게 여길게!' 하며 멋대로 데려온 거니까 그리 쉽게 버리면 안 되죠."

이렇게 해서 요시모토 씨는 44년 만에, 예순두 살이 되어 고향으로 돌아갔다.

"처음 일 년 정도는 현실감이 없어서, 내가 정말 본가에 와 있는 건지 기분이 묘했어요. 꿈을 꾸고 있는 것 같고 마치 들떠 있는 듯한 느낌이었죠. 어쩌면 식구들과 같이 생활하는 게 아니어서 실감이 나지 않았는지도 몰라요. 일을 다 접고 왔다고 생각했는데 뜻밖에 이곳에 와서도 글 쓰는 일이 조금씩 들어왔어요."

열여덟 살 때는 옛 전통가옥이 싫어서 뛰쳐나갔지만 나이가 들어 다시 살아보니 어릴 때만큼 위화감이 들지는 않았다. 지금은 장지문의 진짜 멋도 알게 되면서 얼마 전까지만 해도 좋아하던 도시형의 단순하고 세련된 집이 오히려 답답하게 느껴질 정도다.

하지만 고향집에는 부모의 물건이 많아서 서로 상의할 필요가 있었다. 많은 시간을 보낼 거실은 요시모토 씨가 가지고 간 가구를 중심으로 꾸며 놓았는데 20년 이상 함께 해온 테이블과 의자가 낡은 전통가옥에 아주 잘 어울렸다. 평소 가구를 살 때도 더 나이가 들어 사용해도 좋은 물건인지를 기준으로 선택했는데, 그러길 잘했다는 생각이 든다.

고향으로 돌아온 지 2년이 지나자 아는 사람과 단골 가게가 늘어 점차 생활에도 리듬과 활력이 생겼다. 규칙적으로 생활하는 성격이 아니라서 아침 기상 시간은 제멋대로지만 일어나면 우선 고양이 화장실 청소로 하루를 시작한다.

"그러고 나면 아버지 영정을 모신 불단의 꽃을 정돈하고 향을 피워요. 덧문을 여닫고 청소하고 쓰레기를 내다 버리고 정원도 돌보고…… 이렇게 일하다 보면 두 시간이 후딱 지나가요. 이제 습관이 되어 척척 해치웁니다. 그

일들이 끝나면 커피를 끓여 쿠키를 곁들여 먹으면서 신문을 읽어요. 한숨 돌리는 거죠. 이것이 저의 오랜 습관이에요. 아침엔 늘 이런 식으로 휴식을 취해왔어요."

점심식사는 거르고 1일 2식을 한다. 형제나 친구 등 누군가와 함께 외식하는 날을 빼면 저녁은 집에서 손수 만들어서 느긋하게 먹는다.

"혼자서 저녁을 먹으러 갈 수 있어야 진짜 어른이라고 하지만 저는 아직 못하겠어요. 점심이라면 또 모를까, 혼자 식당에 들어가 밥 먹는 건 진짜 못하겠더라고요. 뭐 굳이 무리할 필요는 없으니까 크게 신경 쓰지 않아요. 단, 스시는 예외예요. 예전에 혼자서 카운터에 앉아 스시를 먹고 있는 할머니를 본 적이 있는데 멋있어 보이더라고요. 저도 한번 해보고 싶어요.(웃음)"

글 쓸 때 사용하는 책상을 정원으로 나가는 장지문 앞에 놓았다.
바깥은 밝고 실내는 약간 어둡다. 전통가옥이 지닌 정취가 마음에 든다.

오랜 세월을 함께한 전등이 이 집과 잘 어울린다. 일본의 디자이너가 눈물 방울을 모티브로 만든 작품이다.

친구들이 자주 와서 묵기 때문에 2층 손님방은 새로 꾸몄다. 마음에 쏙 드는 의자를 놓으니 호텔 분위기마저 살짝 풍긴다.

첼로와는 30년 넘게 인연을 맺었는데 이제야 가까스로 켤 수 있게 되었다. 우쿨렐레는 조금 배우다 바로 좌절해 포기했다.

누군가와 얘기가 하고 싶어지면 일주일에 두세 번 단골 카페에 간다. 마침 첼로를 가르쳐줄 선생님도 찾았다.

"최근 가까스로 첼로다운 음을 내게 되었어요. 실력이 늘지 않는다고 투덜거리면 악기 연주하는 친구들이 입을 모아 '어느 날 갑자기 된다니까!' 하고 말하잖아요? 지금까지 저는 언제나 그 단계가 되기 전에 그만두곤 했었거든요. 이제 드디어 그 말이 이해가 돼요."

60대가 되면 앞날이 내다보인다

도쿄에 살 때는 몸이 계속 좋지 않았다. 위도 안 좋고 담석도 생겼으며 불면증에 시달리기 일쑤였다. 그럴 때마다 '스트레스 때문인가? 몸이 왜 이러지? 아! 괴로워. 나이 들면서 더 자주 몸이 문제를 일으키면 어떻게 하지? 이런 자잘한 것까지 신경 써야 하나!' 하며 짜증까지 덩달아 늘었다.

한때는 우울증인가 싶어 적극적으로 원인을 찾아 없애는 방법을 궁리하기도 했다. 일도 방황도 치열하게 했던 만큼 몸에 생기는 증상도 무심코 지나치지 않으려고 무던히 애써왔다. 그냥 내버려두면 마음속에 싹튼 개운치 못한 응어리가 터무니없이 커지곤 했기 때문이다. 증상의 정체를 모를수록 더욱 불안했다.

그런데 구마모토로 돌아가야겠다는 결심을 한 순간부터 마음의 부담이 단번에 가셨다. 물론 친구들과 멀리 떨어져 살아야 하는 건 섭섭했다. 하지만 스트레스에서 벗어나고 싶고 자유로워지고 싶은 마음이 훨씬 더 강했다.

한편 요시모토 씨는 구마모토로 옮긴 후 새로운 인간관계를 찾아가는 과정을 즐기고 있다. 도쿄에 사는 친구들도 자주 놀러 온다. 자립은 했지만 고립되지 않도록 노력한다. 혼자 살기 때문에 다른 사람과의 교류를 소중하게 여기고 있다.

일상은 평화롭다. 책을 읽거나 음악을 듣고, 때로는 좋아하는 장소를 찾아 산책하기도 한다. 혼자만의 행복을 맛보는 비결은, 하고 싶은 일을 많이 갖는 것이다.

"60대가 되면 앞날이 어느 정도 내다보이거든요. 건강하게 살 수 있는 시간이 기껏해야 10년 정도라고 생각하면 할 수 있는 일이 제한돼요. 제 생각보다 더 오래 살지도 모르지만 저는 더 늙어서도 제가 좋아하는 일을 제

커피, 쿠키, 그리고 신문. 아침 일과를 마친 후 여유로운 시간을 즐기는 데 없어서는 안 될 3종 세트다.

의지로, 제 힘으로 하고 싶어요. 그게 가능한 건 여든 살 정도까지가 아닐까요? 이 생활을 언제까지 계속할 수 있을까 하는 생각을 종종 해요. 단독주택에 사는 건 체력적으로 힘들거든요. 덧문을 여닫는 일도, 정원을 관리하기도 쉽지 않답니다. 저는 앞으로도 가능하면 이곳에 살겠지만 도저히 힘에 부쳐 안 되겠다 싶으면 이 집을 떠날밖에요. 그때는 번화가에 가깝고 노인도 쉽게 장을 볼 수 있는 작은 아파트로 이사하려고요."

그때도 물론 구마모토에서 살 생각이다. 복잡한 도쿄로 다시 돌아갈 생각도, 다른 지역으로 옮길 마음도 없다.

"더 나이가 든 후 낯선 환경으로 옮기면 친구를 사귀기 어려울 거예요. 아직은 호기심도 있고 사람들과 수다를 떨거나 누군가를 만나고 싶기도 하고 하고 싶은 일도 많지만, 더 나이를 먹으면 그럴 기력조차 남아 있지 않을 수도 있으니까요."

그게 얼마나 먼 훗날의 이야기가 될지는 몰라도 고양이와 첼로를 벗 삼아 단아하게 지내는 요시모토 씨의 환한 얼굴이 눈앞에 선하다. 그때는 아마도 옷장 안에 한 벌 한 벌 간직해왔던 수수한 옷을 꺼내 입고 있을 것이다.

학창시절에 자주 다니던 영화관 '덴키칸(電気館)'은 고향으로 돌아간 후에 다시 단골이 되었다.

하루 일과표		라이프 스토리	
7:00 ~ 9:00 기상 (기상 시간은 그날그날 다름) 일어나자마자 고양이 화장실을 청소하고 불단에 놓인 꽃병의 물을 갈아준 뒤 청소, 쓰레기 분리수거, 정원 점검 등 아침 일과를 마친다. 쿠키와 함께 커피를 마시며 신문을 읽는다. 여유를 즐긴다 9:00 ~ 11:00 마음이 편안해지면 식사를 준비해 늦은 아침을 먹는다 점심 식사는 거르고 그날 정해놓은 일정 소화 일이 있는 날은 집필에 열중하고, 일이 없는 날은 단골 가게에 가기도 하고 산책을 하거나 첼로를 켠다 장보기 18:00 ~ 슬슬 저녁 식사 준비 19:00 ~ 20:00 저녁 식사 23:00 ~ 26:00 취침		10대	고향집을 떠나 도쿄로 가다 세쓰모드 세미나 입학
		20대	〈스크린〉 편집부 취직 도쿄 외곽의 낡은 주택에서 혼자 살기 시작 길고양이를 돌보고 입양 부모를 찾아주기 시작, 첫 고양이를 기르다 오하시 아유미의 어시스턴트로 활동 시작 〈앙앙〉지 편집부 입사, 편집 어시스턴트와 스타일링 담당 동호회 활동, 첼로를 샀지만 배우지 못하고 묵혀둠 스타일리스트를 그만두고 출판사 가도카와사무소에 영화 잡지 편집자로 취업
		30대	스타일리스트 일을 다시 시작하다 이사(첫 번째) 고가네이(小金井) 시의 단독주택으로 옮김 이사(두 번째) 덴겐지(天現寺)의 아파트를 구입. 물건을 조금 줄이다
		40대	이사(세 번째) 히가시야마(東山)의 아파트로 이사 물건이 다시 늘어남 이사(네 번째) 센다가야(千駄ヶ谷)의 아파트로 이사. 물건을 버리기로 마음먹고 스타일리스트 일을 그만두다 집필 중심의 생활로 바꾸다 이사(다섯 번째) 시로카네다이(白金台)의 정원 딸린 아파트로 옮긴 후 14년 동안 거주 바텐더 수련 시작 (이후 10년 동안 계속함)
		50대	취재 업무로 지방 출장이 잦아짐 지방살이에 관심을 갖게 됨
		60대	이사(여섯 번째) 구마모토의 본가로 돌아옴

Life 02

야마자키 요코

40대,
생활을 리셋하다

"새로운 삶을 시작해도 늦지 않은 나이,
낯선 설렘이 삶의 원동력이 된다."

야마자키 요코(山崎陽子)
1959년생. 대학 졸업 후 헤이본 출판사(현 매거진하우스)에 입사해 20년 가까이 여성지 편집부에서 일했다. 2001년 퇴직 후 프리랜서 편집자와 작가로 활동하고 있다. 잡지 〈쿠넬ku:nel〉〈에클라eclat〉의 창간호부터 참여했다. 그 밖에 여성지, 라이프스타일지, 무크지 등에 다양한 글을 기고하고 있다.

일, 육아, 간호 세 가지 일을 병행하던 시기

프리랜서인 야마자키 요코 씨는 '무슨 일이 있어도 밤까지 일을 미루지 않기'가 원칙이다. 직장인의 퇴근 시간인 저녁 6~7시가 되면 작업을 무조건 일단락하고, 맥주 한 잔을 마시며 숨을 돌린 후 저녁 식사를 준비한다. 그날 먹고 싶은 요리를 만들어 술 한잔 곁들이는 것이 생활의 큰 즐거움이다. 살짝 취한 기분으로 침대에 누워 책을 읽다가 잠이 든다.

지금은 이렇게 하루를 편안하게 마무리하지만, 출판사에서 일할 때는 항상 잠이 부족했다. 일과 육아를 병행한 데다 아버지의 병간호까지 해야 해 늘 시간에 쫓겼다.

"10여 년 전, 아들이 어릴 때는 동네 어린이집에서 4시 반까지만 아이를 돌봐줬어요. 그래서 어린이집이 끝날 시간에 맞춰 시부모님, 친정어머니, 보모에게 돌아가면서 도움을 청했지요."

그때는 밤이 되면 일단 집으로 달려가 아이들을 재운 후 택시를 타고 다시 회사로 가 남은 일을 마무리하곤 했다. 새벽 2~3시에 귀가해 잠시 눈을 붙였다가, 아침이면 음식을 만들고 아이들을 어린이집에 보낸 뒤 출근하는 쉴 틈 없는 나날이 이어졌다. 주말에는 어머니를 쉬게 해드리려고 아버지 간병까지 맡았다.

"아마 육아 문제뿐이었다면 회사를 그만두진 않았을 거예요. 아버지 간병도 해야 했고, 마지막 2년 동안은 부편집장의 직무를 맡은 데다 주간지를 발간하느라 일이 끊이질 않았어요. 과로로 링거를 맞아가면서 회사에 다닌 적도 있거든요."

어느 날, 그런 야마자키 씨를 보다 못한 남편이 일을 그만두는 게 어떠냐고 말을 꺼냈다.

"그때까지 일을 그만두겠다는 생각은 한 번도 해본 적이 없었어요. 집 대출금을 갚고 있었기 때문에 그 돈을 다 갚을 때까지는 무조건 일을 해야 한다고 생각했거든요. 하지만 그렇게 계속하다가는 쓰러지고 말거라고, 돈이야 어떻게든 해결할 수 있지 않겠냐는 남편의 말을 듣는 순간, '아! 그만둬도 괜찮은 거구나!' 하는 생각이 들면서 눈물이 주르륵 흐르더라고요. 긴장도 함께 확 풀리고요. 나도 모르는 사이 많이 지쳐 있었던 거죠. 남편의 말을 들은 날, 바로 마음을 굳히고 회사에도 뜻을 전했어요."

이렇게 마흔한 살에 19년간 근무한 회사를 퇴직했다. 마지막 출근을 하던 날은 무거운 짐을 내려놓은 것 같아 날아갈 듯 후련했다. 그 기분을 망치고 싶지 않아 장래에 대한 불안 따위는 잠시 미뤄두기로 했다.

학부모가 되어보니
다시 태어난 듯 새로운 나날

퇴직 후 아이를 유치원에 보냈다. 한동안 완전히 일과 떨어져 지낼 생각이었지만 회사 시절의 인연으로 몇몇 출판사에서 일이 들어와 프리랜서로 일하게 되었다.

"그 무렵에는 무슨 일이든 새롭게 느껴져서 마치 다시 태어난 기분이었어요. 일도 신선하고 엄마로서 마음도 달라졌지요. 막상 유치원 학부모가 되어보니 정말 즐겁더라고요. 특히 다양한 연령층의 엄마들과 가깝게 지낸 게 좋았어요. 아침에 아이들을 보내놓고 나서 엄마들끼리 차를 마시기도 하고 유치원이 끝나면 아이들을 데리고 친구네 놀러 가기도 해요. 그 전까지 저는 회사 사람들이나 업계 사람들과의 인간관계 속에서만 살았기 때문에 의외로 아는 세상이 좁았거든요. 평범한 엄마로서의 기쁨을 그때 처음

만끽했죠."

돌이켜 생각해보니 출판사에서 일할 때는 선뜻 아이 이야기를 나눌 상대가 없었다.

"그때는 부서 사람 중에 워킹맘이 저밖에 없었어요. 아이 때문에 업무에 지장을 준다거나 뭔가 특별한 취급을 받고 싶지 않아서 일부러 아이 이야기를 꺼내지 않으려고 의식적으로 노력했어요. 학부모들과의 교류는 회사에 계속 다녔더라면 결코 경험할 수 없는 일이에요. 유치원 기간이 2년뿐이라고 생각하니 무엇이든 체험해보고 싶더라고요. 그래서 누가 만나자고 하거나 행사에 부르면 두말 않고 흔쾌히 달려갔지요.(웃음)"

다른 엄마들의 권유로 발레 레슨에 참여한 후 몸을 움직이는 즐거움에도 눈을 떴다.

"원래 발레에는 전혀 관심도 없었고 워낙 몸치여서 남들과 함께하기가 창피했거든요. 하지만 기왕 시작한 거 체조라도 하자는 마음으로 해봤는데 의외로 재미있더라고요. 발레 교실치고는 드물게 수다가 만발했지요.(웃음) 아마 발레 선생님의 인성 덕분일 거예요. 저처럼 처음 하는 40대 아줌마에게도 자상하게 가르쳐주니 처음에는 따라할 수 없던 동작도 점점 가능해졌어요. 지금은 발레의 세계에 푹 빠져 있답니다."

마흔세 살에 시작한 발레는 많을 때는 주 4회, 적게는 월 8회 정도 참가한다. 처음엔 바에 다리를 올리는 기본 동작도 안 되더니 이제는 앞뒤로 다리 벌리기도 할 수 있고, 피케턴(pique turn)도 할 수 있다. 5년쯤 지나자 근육이 붙기 시작해 쉰 살이 넘어서자 난생처음으로 복근도 생겼다. 그때 뭔가를 꾸준히 한다는 것의 위력을 실감했다.

"나이가 들면 신체는 급속도로 쇠퇴한다고 생각하잖아요. 그런데 마음만 먹으면 몰라보게 좋아지기도 하더라고요. 제가 산 증인이에요. 저희 발레 선생님은 레슨에 근육 트레이닝을 꼭 집어넣는데 복근운동 150회를 하고 나면 힘은 들지만 몸이 확실히 달라지는 게 느껴져요. 체력도 붙고요. 발레를 시작하고 나서 한 번도 감기에 걸린 적이 없어요. 직장 생활을 할 때는 늘 코를 훌쩍거리거나 기침을 달고 다녔는데, 이제는 완전히 달라졌답니다. 지금이 제 인생에서 가장 건강해요."

오전을 잘 활용하면 하루가 순조롭다

야마자키 씨가 갱년기 증상도 느끼지 못할 정도로 건강한 것은 발레 외에도 규칙적인 생활 리듬 덕분이다. 그녀는 밤에 일찍 자고 아침 5시 40분이면 자연스럽게 눈이 떠지는 아침형 인간이다. 일어나면 우선 커피를 마신 후 아들의 도시락을 만들고 설거지를 한다. 그러고는 한 시간 남짓 전자우편을 확인하고 신문을 읽는다. 아침 식사 후 아들을 학교에 보내고 나면 세탁과 청소를 한다. 집안일을 다 마치고 나면 본격적으로 일을 시작한다. 전자우편에 회신을 하고 써야 할 원고는 오전 중에 집중해서 쓴다. 물론 일이 많이 몰릴 때는 오후나 주말 시간까지 집필을 하기도 하지만 수면 시간을 줄이면서까지 하지는 않는다.

일찍 잠자리에 드는 것은 프리랜서가 된 후에 들인 습관이지만 오전 시간을 유용하게 쓰는 요령은 직장 생활을 할 때부터 몸에 배어 있었다.

"30대 초반까지는 일 때문에 밤늦게까지 술을 마셔야 하는 불규칙한 생활을 했어요. 그런데 아이가 태어나고부터는 생활 리듬이 네 시간 정도 빨라졌어요. 아이를 어린이집에 맡기고 나서 10시쯤에 회사에 도착하는데, 제가 다닌 회사는 저녁형 직장이기 때문에 다른 직원들이 아직 출근하기

하루하루의 리듬 만들기

1 아침에 일어나면 먼저 옷을 갈아입고 집안일 모드로 바꾼다. 주로 입는 평상복은 침대 옆에 걸어둔다. 바구니에는 청바지, 파카 등을 통풍이 잘되게 넣어둔다.

2 아침 일과 중 가장 중요한 일이 아들에게 줄 도시락을 만드는 것이다. 매일 아침 만든 도시락은 사진을 찍어두었다가 어느 정도 모이면 출력해 앨범에 정리함으로써 엄마 역할의 기록을 남긴다.

3 밤에는 기분 좋게 늘어지고 싶어서 뒷정리는 아침으로 미룬다. 스테인리스 스틸로 만든 부엌은 구연산으로 짬이 날 때 하루에 한 번 걸레질을 한다.

4 아침 식사는 주로 빵을 먹는다. 아들의 식사가 끝나면 나무 접시에 남아 있는 빵 부스러기를 브러시로 싹싹 털어내고 남편 몫의 빵을 담는다. 설거지를 줄이는 요령이다.

5 집안일을 마치면 일에 집중한다. 되도록 오전 중에 목표한 일을 끝낸다. 업무용 책상은 따로 없으며 거실의 큰 탁자에서 자료나 노트북을 꺼내 일한다.

6 쉰 살이 넘어서부터는 미용 전문 숍에 가서 속눈썹 연장이나 네일 아트를 받고 있다. 특히 속눈썹 연장을 해두면 외출 전 메이크업 시간이 30초면 충분하다. 은근히 마음까지 치유된다.

7 외출할 때 필요한 물품을 바구니에 모아두면 재빨리 준비하고 나갈 수 있다. 여름에는 빛을 차단하는 용품, 겨울에는 방한용품을 수납해둔다. 외출할 때는 전동 자전거를 애용해 발걸음을 가볍게 한다.

8 일부러 140리터짜리 작은 냉장고를 사용한다. 외출했을 때 가까운 마트에 들러 필요한 식재료를 조금씩 사온다. 그날의 기분이나 재료에 맞춰 메뉴를 정한다.

9 숙주나물은 수염뿌리를 잘라내고 부피가 큰 푸른 채소는 미리 데쳐둔다. 냉장고 공간을 많이 차지하지 않을뿐더러 '아스파라거스가 있으니 고기야채말이를 만들어야겠군.' 하는 식으로 다음 끼니의 메뉴를 자연스럽게 생각해낼 수 있다.

10 일을 마치면 맥주를 한잔 마시며 한숨을 돌린 뒤 저녁 식사를 준비한다. 식탁보는 식사를 할 때만 까는데 작은 소품 하나만 기분전환에는 아주 그만이다. 도시락을 싸고 남은 반찬을 안주 삼아 시원하게 한 잔!

전이거든요. 아무도 없는 시간에 급한 전화 통화나 전표 결재를 재빨리 마치죠. 오후에는 회의나 사람 만날 일이 많아서 오전 중에 잡무를 해두는 편이 효율적이에요. 아이가 있는 데다 아버지 간병도 하자니 내일은 또 무슨 일이 생길지 모르거든요. 아이가 갑자기 열이 날지도 모르고 아버지 상태가 급격하게 악화될 수도 있고요. 그래서 무슨 일이든지 일찌감치 끝내놓고 긴급 사태가 생겼을 때 대처할 수 있도록 했죠. 30대 후반에는 항상 그런 위기감 속에서 일을 했던 것 같아요."

이렇게 빨리빨리 일을 처리하는 습관 덕분에 프리랜서가 된 후에도 원고 마감에 늦은 적은 한 번도 없다.

지금도 이따금 술자리 모임에 갔다가 밤늦게 돌아오는 일은 있지만 다음 날 아침에는 평소와 같은 시간에 일어난다. 그런 날은 하루 종일 졸려도 꾹 참았다가 평소보다 조금 일찍 잠자리에 든다. 생활 리듬을 지키기 위해 기상 시간을 바꾸지 않는 것이 아침형 인간을 유지하는 비결이다.

야마자키 씨는 긴장하며 버틸 때와 느슨하게 풀어줄 때를 구분하여 균형을 잡는다. 시간에 쫓기는 생활을 호되게 경험해본 덕분에 시간의 앞에 서서 '쫓기기 전에 리드한다'는 감각을 깨달은 셈이다.

생활 속에서 찾아내는 소소한 새 출발

야마자키 씨는 한동안 가계부를 썼다. 1년을 꾸준히 써보니 다달이 들어가는 식비와 계절별 난방비를 한눈에 파악할 수 있었다. 그런데 쓰다 보니 전체 지출 내역에는 큰 변동은 없어 '가계부를 계속 쓰는 것도 별로 의미가 없다'는 생각이 들었다. 가계에 부담을 주는 건 충동적으로 구매한 옷이나 생활필수품이 아닌 사치품 지출이었다. 그렇다고 해서 좋아하는 쇼핑을 그만둘 수도 없었던 야마자키 씨는 '사치 수첩'을 만들어 불필요한 지출 비용을 파악하기로 했다.

"전 말이죠, 멋진 물건은 계속 살 거예요. 하지만 물건을 마구잡이로 늘리고 싶지는 않아요. 오히려 줄이고 싶죠. 그래서 꼭 갖고 싶은 한 가지를 사기 위해서는 두 가지를 버릴 작정이에요."

회사원 시절에 입던 정장이나 파티복은 엄마 노릇을 제대로 하게 된 후에 모두 처분했다. 자주 사용하지 않거나 불필요한 물건은 집에 두고도 대개는 존재조차 잊게 마련이다. 그럴 바에는 필요한 사람이 쓰도록 하는 게 낫다 싶어서 정기적으로 벼룩시장에 내놓는다.

"저는 원래 스포츠백 하나 달랑 메고 도쿄로 왔기 때문에 어떤 일이든 '처음부터 시작한다!'는 느낌을 좋아해요. 이사 다니는 것도 무척 좋아하고요. 열여덟 살에 도쿄로 온 후 2년 이상 같은 곳에 산 적이 없어요. 이사할 때마다 불필요한 물건을 버리고 처음부터 다시 시작하는 느낌과 새로운 생활에 대한 설렘이 삶의 원동력이었죠. 지금은 내 집을 갖고 있기 때문에 쉽게 이사는 할 수 없지만, 가끔 물건을 처분하면서 소소하나마 새 출발하는 느낌을 받아요."

하루하루 생활에서도 소박한 새 출발은 반복된다.

냉장고만 해도, 남편이 혼자 살 때 쓰던 작은 냉장고를 그대로 사용했더니 저장 공간이 적어 식재료를 그때그때 조금씩 사게 되었다. 조금씩 사면 재료가 신선할 때 요리할 수 있어 기분이 좋고 빈 냉장고 안을 잽싸게 닦을 수 있다는 장점도 있다.

일과 관련된 자료들도 자기만의 방법으로 정리하는데 진행하고 있는 서류부터 종료된 것까지 각 주제별로 종이봉투 하나에 모아둔다. 하고 있는

물건과 교감하기

주방 물건을 바싹 말리지 않으면 직성이 풀리지 않는다. 도마는 사용할 때마다 제대로 말리기 위해 여러 개를 준비해 번갈아가며 사용한다.

일생에 단 한 번 만날까 말까 한 물건을 발견하면 그만 저절로 지갑을 열게 된다. 이것은 교토에 있는 앤티크 가구점 '비제너레이티드(B-GeneRATEd)'에서 구입한 핀란드의 골동품이다.

식기를 무척 좋아하지만 손님 접대용을 포함해 이 선반 하나에 들어갈 만큼만 소유하기로 했다. 아들이 어릴 때 사용하던 의자를 발받침대로 사용하고 있다.

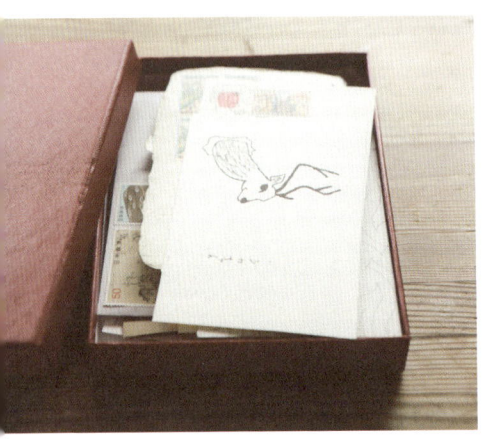 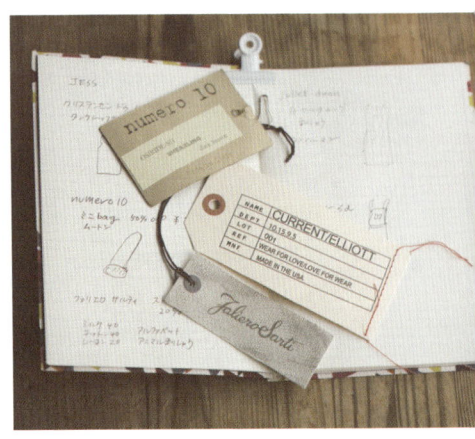

자신의 졸업앨범이나 아이들의 그림 등 과거 물건은 조금씩 처분하지만 손글씨 편지와 엽서는 버리지 못해 상자에 넣어 보관하고 있다.

'사치 수첩'에 생활필수품 외에 구입한 내역을 기록한다. 귀여운 상표 태그를 수첩에 끼워두면 나중에 소재나 사이즈를 확인하는 데 유용하다.

'톡!' 하고 여는 감촉이 좋아서 오랫동안 물림쇠가 달린 지갑을 애용하고 있다. 지갑으로서 한 차례 제 역할을 끝낸 물림쇠 지갑은 외화를 넣거나 수업료로 낼 신권을 넣는 데 재활용한다. 금고 대신 화장품 가방에 보관한다.

아들이 어릴 때 그린 그림은 석 장만 골라놓고 나머지는 다 처분했다. 고른 그림은 액자로 만들어 벽에 걸었다.

마음에 드는 물건은 수선해서 사용한다. 그릇의 수선은 구로다 유키코(黒田ゆきこ) 씨에게 부탁한다.

회사에서도 책상이 가장 깨끗해서 정리정돈의 명수로 불렀다. 일할 때 자료는 모두 이 종이봉투 하나에 모아 거실 구석에 두고 필요할 때만 탁자 위에 올려 사용한다. 덕분에 집의 어느 한 곳이 일과 관련된 자료로 점령당하는 일은 없다.

일의 양에 비해 자료가 적은 이유는 불필요해진 시점에 바로바로 처분하기 때문이다. 오랫동안 이 방법을 써왔는데 버린 자료를 나중에 다시 찾았던 적은 단 한 번도 없다.

"제게 일이란 잠시 거쳐가는 관문 같은 거예요. 자료를 모아두기 위해 수납 상자나 선반을 사면 그곳에 보관하고 싶어지거든요. 굳이 그렇게 할 필요 없이 잠깐 거쳤다 가기를 바라는 거죠. 몇 가지 방법을 시도해봤는데 지금처럼 종이봉투에 정리하는 게 가장 편해요."

일과 요리는 야마자키 씨 생활의 양대 축이다. 일이든 요리든 만일의 경우를 대비에 여유분을 준비해두거나 더 조심스럽게 보관할 만도 한데, 오히려 그 반대 방법을 택했다. 식재료든 물건이든 이렇게 하면 뭔가가 잔뜩 쌓여 있는 꺼림칙한 기분에서 벗어날 수 있다고 한다.

야마자키 씨 인생에 여러 번 전환기를 가져왔던 아들은 이미 고등학생으로 성장했다. 이제 2년만 더 지나면 엄마가 스포츠백을 메고 도쿄로 상경했을 때와 같은 나이가 된다. 그때부터는 어른으로 인정하고 엄마 역할에서도 졸업할 계획이다.

그러고 나면 예전에 살던 나가노 현의 야쓰가타케(八ヶ岳)로 생활의 중심축을 옮겨 도쿄를 오가며 살 생각이다. 친구와 함께 옷 가게를 열 계획도 갖고 있다. 50대 후반에는 지금까지와는 또 다른 가치관으로 새로운 생활을 시작하고 싶기 때문이다.

그때까지는 일단 지금처럼 일찍 자고 일찍 일어나는 생활을 유지할 계획이다. 하루를 일찍, 활기차게 시작하고 느슨하게 마치는 일도 소소한 새 출발의 하나이므로.

**하루 일과표
(발레 레슨이 있는 날)**

5:40
기상. 커피 한잔
도시락 만들기. 설거지

전자우편 확인. 신문을 읽는다

7:00
아침 식사. 아들을 학교에 보낸다
세탁과 청소

전자우편 회신, 긴급 업무 처리
본격적인 글쓰기 작업

10:30~12:00
발레 레슨
귀가 후 점심 식사

1:00~
오후는 회의 등 업무를 위한 외출
또는 집에서 글쓰기 작업

장보기
맥주 타임
저녁 식사 준비

19:30
저녁 식사 (반주)

22:00
침대에서 책을 읽으며 취침

라이프 스토리

10대
기타큐슈(北九州)에서 도쿄로 가다
와세다대학교 제1문학부 입학

20대
헤이본 출판사(현 매거진하우스) 입사
〈크로와상〉 편집부 재직
〈올리브〉 편집부 재직
야쓰가타케 산기슭에 집을 짓다

30대
〈앙앙〉 편집부 재직
아버지가 뇌경색으로 쓰러져 간병 시작
장남 출산. 반 년간 육아휴직 후 복귀
일과 육아, 간병의 병행 시기

40대
현재의 주거지로 이사
매거진하우스 퇴사. 프리랜서로 활동 시작
유치원 학부모가 되다
〈쿠넬〉 창간에 참여
발레를 배우기 시작
〈에클라〉 창간에 참여
남편이 니가타로 가다

50대
아버지 타계
안정된 일상 유지 중

Life 03

오쿠보 기이치로 /
오쿠보 미쓰코

40대,
가게를 차리다

"정년까지 기다렸다면 불가능했을 것."

오쿠보 기이치로(大久保紀一郎)
1958년생. 맞춤용 의류를 만들고 파는 기업에 취직하여 24년간 회사원으로 일했다. 2005년 퇴직하고 도쿄 스이도바시(水道橋)에 식당 〈안티 헤브린간 ANTI HEBLINGAN〉을 열었다. 주방을 담당하고 있으며 취미는 축구 관람과 독서, 영화 감상이다.

오쿠보 미쓰코(大久保美津子)
1956년생. 아버지가 요리점을, 어머니가 약국을 경영하는 집에서 자라 대학 졸업 후부터 가게 일을 도왔다. 이후 식당과 도서관 등 다양한 아르바이트를 거쳐 〈안티 헤브린간〉에서 손님 맞는 일을 담당하고 있다. 취미는 독서와 디오라마(입체모형) 만들기다.

24년간 일한 직장을 그만두고 음식점에 도전하다

"원래 요리하는 것을 좋아했지만 음식점을 여는 건 불가능하다고 생각해왔어요. 전혀 현실성이 없어 보였거든요."

오쿠보 기이치로 씨는 주방에서 나와 가게에서 가장 큰 탁자에 앉았다. 조금 전 프라이팬을 들고 요리할 때와는 전혀 딴 사람인 듯 부드러운 미소를 지으며 독립까지의 과정을 들려주었다. 한 해만 더 일찍 태어났더라면 퇴직금이 배로 늘어났을 텐데 운이 나빴다는 에피소드부터, 개업 초기에는 그저 자신 있는 요리만 내느라 손님을 오랫동안 기다리게 했다는 실패담까지 죄다 쏟아내는 모습에서 꾸밈없는 인성이 엿보였다.

기이치로 씨와 부인인 미쓰코 씨가 운영하는 레스토랑 〈안티 헤브린간〉은 도쿄 스이도바시에 있다. 거칠거칠한 나뭇결의 마루와 엉성하게 칠해진 콘크리트 벽으로 이루어진 투박한 내장 인테리어, 앤티크 탁자를 놓고 낡은 유리문을 칸막이로 했으며 커다란 창 앞에 큰 책장을 배치했다. 조명은 창으로 들어오는 햇빛과 잘 어우러지게 은은하게 조절한다. 요리의 장르는 정해져 있지 않지만 이탈리아 바나 도쿄의 소바 가게처럼 서민들이 가벼운 마음으로 들를 수 있는 식당을 꿈꾼다.

기이치로 씨가 처음 요리에 눈을 뜬 것은 대학 시절이었다. 원반던지기와 농구 동아리 활동을 하면서 미쓰코 씨를 만났고 관심사가 비슷해서 자연스럽게 사귀게 되었다. 그러다 여자 친구인 미쓰코 씨의 아버지가 운영하는 요리점에서 아르바이트를 하면서 처음으로 요리를 접했다. 게다가 그 무렵, 영화감독이자 배우인 이타미 주조(伊丹十三, 1933~1997)가 쓴 에세이 『유럽의 무료한 일기』를 읽고 충격을 받아 이타미식 스파게티를 만드는 데 푹 빠졌다고 한다.

기이치로를 음식의 세계로 인도한 책
『유럽의 무료한 일기』

과연 〈안티 헤브린간〉의 파스타는 면발의 식감이 기가 막히다. 기이치로 씨는 한 가지에 몰두하면 푹 빠지는 성격이어서 만두에 꽂히면 한동안 만두만 만들고, 라면이다 싶으면 국물부터 제대로 만들어내는, 그런 사람이라고 미쓰코 씨가 웃으며 말한다.

하지만 기이치로 씨에게 요리는 어디까지나 취미였다. 샐러리맨이었던 아버지의 영향을 받았는지 대학을 졸업한 후 자연스럽게 맞춤형 의류를 취급하는 기업에 취직했다.

"옷에 관심이 많았고 그 일이 급여도 높았거든요. 평소에는 캐주얼 차림으로 다니지만 만약 취직을 한다면 진짜 정장을 다뤄보고 싶었어요. 고객을 대하는 일도 좋아했고요."

긴자에 있는 고급 양복점에서 15년 동안 판매를 담당한 후 기획부로 이동했다. 우편 광고물이나 카탈로그 촬영에 참가하기도 하고 넥타이 같이 작은 제품을 매입했으며 이탈리아의 전시회에도 여러 번 갈 기회를 얻었다. 일은 무척 재미있었지만 마흔 살이 넘자 앞날에 슬슬 의문을 품게 되었다.

"양복을 좋아하는 건 분명하지만 한 벌에 20만 엔, 30만 엔이나 하는 옷을 어떻게든 파는 게 목적이잖아요? 그래서 내가 과연 무엇을 위해 이 일을 하고 있는 건지 회의가 들기 시작했습니다. 회사에 근무하면서도 요리에는 항상 관심이 있었어요. 그래서인지 이럴 바에는 차라리 유기농 채소를 재배하는 사람들을 지원하는 게 낫지 않을까 하는 생각이 들었죠. 이탈리아에 가면 일본과 달리 대기업이 많지 않아요. 넥타이 가게든 와이셔츠 가게든 가족끼리 경영하는 형태라 가게마다 색다른 개성이 넘치더군요. 레스토랑도 그 무렵엔 체인점이 아니었어요. 어디를 가든 그 지역을 대표하는 음식점이 있고, 그 동네에서만 먹을 수 있는 요리가 있는 거예요. 감탄했지요. 그래서 비록 규모는 작아도 생산자를 소중하게 여기고 저희 부부의 미의식도 드러낼 수 있는 그런 가게를 운영하고 싶었습니다."

수중에 자본금이 없으니 가게를 차리는 것은 불가능했다. 하지만 자신도 모르는 사이 무심히 부동산 정보를 살펴보는 일이 잦아졌다. 그러던 중 지금의 가게를 만났다. 딱 원하는 지역에 있었고 넓이도 맘에 들었다. 2층이라 시세보다 임차료가 싼 데다 유리로 되어 있어서 밖에서도 안이 들여다보이는 점도 좋았다.

실은 이곳을 처음 발견했을 때는 이미 다른 사람이 계약을 한 상태였다. 좀처럼 적당한 가게를 찾지 못해 다시 부동산에 문의했을 때 마침 그 가게의 계약이 취소되었다는 소식을 들었다. 기이치로 씨는 기뻐서 속으로 쾌재를 불렀다.

"막상 가게가 나왔다니 현실적인 고민이 들더라고요. 고민 끝에 아내에게 속마음을 터놓고 그 가게를 보러 갔어요. 어떻게 할까 무척 고심했지만 눈 딱 감고 저질렀지요."

한 번 단념했던 가게가 눈앞에 다시 나타나자 분명 신의 계시라는 생각이 들었다. 물론 그 신이 부부의 직감이었을 수도 있지만……. 어쨌든 퇴직금을 밑천 삼고 대출도 받아서 덜컥 계약을 했다. 이때까지 두 사람은 음식점을 해본 경험이라곤 전혀 없었다.

일주일에 두 번, 재료를 구하러 시장에 다녀온다. 전날은 가게의 침낭에서 자고, 이른 아침에 이 자전거를 타고 시장에 간다.

2005년 기이치로 씨가 47세, 미쓰코 씨가 48세 때였다. 기이치로 씨는 다니던 회사에 그만두겠다는 말을 하지 못해서 꽤 오랫동안 속을 끓였다. 가게 임차료 지불일이 다가올 때까지도 회사 생활을 계속했을 정도다.

토, 일, 공휴일은 쉬기로 처음부터 정하다

개점 준비에 걸린 기간은 3개월 정도다. 실내 디자인은 〈앤티크스 타미제〉(Antiques Tamiser, 인테리어용 앤티크풍 소품을 전시·판매하는 곳 - 옮긴이)의 주인에게 부탁하고 부부도 작업과 가구 만들기를 도왔다.

"타미제의 분위기에는 굉장한 매력이 있어요. 저와 취향이 같다고 말하면 그분에게 실례가 되겠지만 고요하고 은은한 공기가 흘러요. 제가 양복점을 하면서 힘들었던 점은 바로 이런 겁니다. 장인에게는 장인만의 미의식이 있기 마련인데, 장인에게 투깔스러운 옷을 만들어달라고 조른다는 거죠. 실제로 원하는 주름을 넣어달라고 요구하는 손님도 있거든요. 하지만 그런 건 장인으로서 절대로 용납할 수 없어요. 제대로 된 옷을 만들고 싶기 때문이지요. 특히 일본의 장인이 더 그렇거든요. 저도 그런 고생을 해봐서 어렴풋이 알기에 가게 내부를 꾸미는 데도 중간에서 조율해주는 사람이 필요하다고 생각했습니다. 장인이 원치 않는 반들반들한 마루로 만들고 싶지는 않았거든요."

기이치로 씨와 미쓰코 씨는 오랜 세월을 함께하는 동안 좋아하는 것이나 취향도 무척 닮아갔다. 어떤 가게를 만들고 싶은지 부부가 원하는 이미지도 뚜렷했다.

개업 전부터 두 사람은 몇 가지 규정을 정했는데 그중 하나가 금연이다 (일본은 아직도 음식점 및 술집에서 흡연이 자유로이 허용되고 있다 - 옮긴이).

술을 파는 가게에서 금연을 하면 매출에 손해일지도 모르지만 손님들에게 맛있는 음식을 제공하는 사람으로서 식사 중에 담배 연기를 신경 쓰게 하고 싶지 않았다. 그래서 담배를 피우고 싶은 사람은 따로 피울 수 있도록 가게 앞에 재떨이를 마련하고 양해를 구했다.

또 하나, 도저히 양보할 수 없었던 것은 휴무일로, 주말과 공휴일에는 가게를 열지 않기로 했다. 축구광인 기이치로 씨는 FC도쿄 팀의 열렬한 팬이라 시합을 보러 가는 일이 무척 중요했다. 음식점을 하면서 주말과 공휴일에 영업을 하지 않는다는 발상에 대해 "지금 생각하면 미치지 않고서야 어떻게 그럴 수 있었나 싶어요." 하며 웃지만, 이런 세세한 것까지 고려한 계획을 세운 후 지금 가게 자리를 택했다.

〈안티 헤브린간〉은 출판사와 서점이 많은 진보초(神保町)에서 가까운 거리에 있다. 주위에 사무실과 학교밖에 없어서 주말에는 손님이 적기 때문에 큰 부담 없이 축구 시합을 보러 갈 수 있다. 게다가 두 사람이 책을 좋아하는 것도 이 지역을 선택한 중요한 이유다. 실제로 가게를 시작하자 주변에 있는 출판 관계자들이 찾아왔고 기이치로 씨가 직접 만든 책장은 손님들이 가져다준 책들로 가득 채워졌다. 휴일에는 가게 안에서 바자회나 시를 짓는 모임이 열리기도 해 본업과 다른 용도로 사용되는 일도 많아졌다.

두 사람은 기초적인 훈련 과정도 없이, 심지어 음식점을 어떻게 운영해야 하는지도 전혀 모른 채, 직접 장사를 하면서 하나하나 깨닫고 그때마다 조금씩 바꿔나갔다. 하지만 기왕 도전한 자신들의 가게인 만큼 '마음껏 개성을 드러내고' 싶다는 계획은 한 번도 수정하지 않았다.

우선 믿을 만한 가게에서 안전하고 신선한 식재료를 들여온다. 될 수 있

가게 이름인 〈안티 헤브린간〉은 독특하고 뛰어난 작품으로 유명한 오즈 야스지로(小津安二郞, 1903~1963) 감독의 영화 〈아키비요리(秋日和, 맑은 가을날이라는 뜻-옮긴이)〉에 나오는 약 이름에서 따왔다.

으면 전채요리 외에는 미리 만들어 두지 않으며 채소를 요리할 때는 진흙을 털어내는 일부터 직접 한다. 또 방문한 손님이 편안하게 오랫동안 앉아 있다 갈 수 있는 분위기도 만들었다. 매출만을 의식한 운영은 하고 싶지 않기 때문이다.

이렇게 처음 정했던 규칙을 조금씩 바꾸기도 하고 그대로 유지도 해가면서, 해를 거듭할수록 가게를 운영하는 방식도 자리를 잡아갔다.

아이를 키우며 의식주의 중요성을 깨닫다

가게를 열기 전까지 양복점 외길을 걸어온 기이치로 씨의 행보와 미쓰코 씨의 삶은 서로 대조적이다.

"대학을 졸업하고 곧장 집안일을 도왔어요. 아버지가 운영하는 음식점과 어머니가 하는 약국 일을 돕느라 취직도 하지 않았지요."

차분하고 정감 어린 어조로 말하는 미쓰코 씨의 쾌활한 성격은 〈안티 헤브린간〉의 고객을 맞이하는 데 큰 역할을 하고 있다. 꾸밈이 없는 성격 또한 기이치로 씨에 못지않다. 게다가 부지런해서 가만히 있지 못하는 성격이라 아이가 태어난 후에도 갓난아기를 업고 약국에 출근하기도 했다. 다만 아이가 유치원에 다닐 때는 엄마의 역할에만 전념했다. 아이가 들어간 곳은 일반 유치원이 아니라 '유아생활단'이라고 불리는 부모 참여형 교육활동 그룹이었다.

"아이 친구의 엄마가 유아생활단의 교사여서 견학하러 갔다가 바로 들어가게 되었어요. 주 2~3회 가는데 교사와 엄마들을 포함한 전원이 식사 준비부터 동생들 탁아까지 전부 당번제로 해요. 음식의 영양가와 폐기율 계산이라든지, 비둘기와 토끼집을 돌보는 일, 졸업식 때 입을 옷 만들기 등을 하며 그룹 선배들에게 의식주를 철저히 배웠어요."

대대로 이어져 내려온 이런 방식은 종종 시대 착오라는 말을 듣거나 특이한 종교 집단으로 오해를 받기도 했다.

"이곳은 방식이 무척 독특해서, 엄마가 생활단에 와 있다는 사실을 아이들이 알아채게 하면 안 되었어요. 마치 연극 무대에서 눈에 띄지 않는 검은 옷을 입고 몰래 도와주는 사람처럼, 그 일을 3년이나 했지 뭐예요.(웃음) 크리스마스에는 아이가 두꺼운 종이에 테이프나 나사, 그 밖에 여러 가지 재료를 붙여 작품을 만드는데, 엄마들은 자기 아이의 작품을 똑같이 모방해서 인형이나 오르골로 만들어요. 수공예점을 돌면서 재료를 사 모아서요.

물론 부모가 만들었다는 사실을 몰랐던 아이들은 나중에 엄마의 작품을 보고 깜짝 놀란답니다. 저는 그때 만든 작품을 지금도 갖고 있어요. 버릴 수 없지요."

유아생활단에서는 무엇이든지 아이들이 주체가 되어 실제 경험을 하게 했다. 수련회를 가면 현악 4중주를 듣고 맛있는 식사를 한다. 소풍을 가면 그 감흥이 사그라지기 전에 작사와 작곡을 한다. 아이들의 표현을 음표로 적는 일은 당연히 엄마의 몫이다. 미쓰코 씨는 지금도 그 당시 다른 아이가 지은 노래까지 부를 수 있을 만큼 생생하게 기억한다. 비둘기를 날리는 행사도 있었다.

"아이들은 엄마들이 만든 맛있는 쿠키를 먹으면서 날려보낸 비둘기가 (전서구) 돌아오기를 기다립니다. 맑은 날에 주위를 날아다니는 흰 비둘기 떼를 보면 굉장히 우아해요. 이렇게 행복한 시간이 또 있을까 싶을 정도로 비둘기들이 잇달아 돌아오는 광경은 감동적이었어요."

생활단에서 겪은 경험과 그곳에서 배운 의식주의 중요성은 미쓰코 씨의

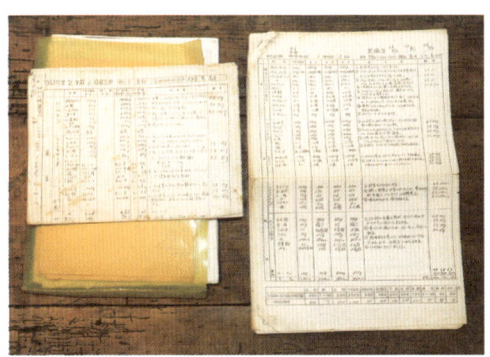

식사 당번 때의 레시피와 계산표. 이 당시 배웠던 메뉴를 떠올려 가게의 디저트로 내고 있다.

유아생활단 시절의 추억이 깃든 작품. 오른쪽이 아이의 작품이고 왼쪽이 미쓰코 씨가 재현한 인형이다.

평소 시끌벅적한 곳에서 일하기 때문에 집에 혼자 있을 때는 멍하니 있거나 느긋하게 책을 읽으며 생활의 균형을 잡는다.

몸과 마음에 배어들었다. 식사 당번 때 배운 디저트를 지금도 가게의 메뉴로 내놓고 있을 정도다.

"하지만 그 교육 방식이 저희 아이에게는 맞지 않았나 봐요. 친정아버지도 '언제까지나 온실 속 화초처럼 키울 순 없는 법'이라고 충고를 해주셨죠. 그래서 초등학교부터는 공립으로 보냈어요. 저는 아이에게 시중에서 파는 간식을 사준 적이 없었는데, 아이의 친구들이 포테이토칩을 잔뜩 들고 놀러 왔을 때, '아! 이제 끝났구나!' 싶었지요.(웃음)"

아이가 학교에 가면서 시간 여유가 생긴 미쓰코 씨는 아이가 귀가하기 전에 끝나는 시간제 일자리를 구했다. 낮 시간에는 고급 식당의 안내원이나 문화회관에서 일한 후 아이가 학교를 마칠 시간에 맞춰 아이를 데리고 돌아와 직접 만든 간식을 먹였다.

아이가 중학생이 된 후에는 도서관에서 일했다. 이때가 가장 오랜 시간 일하던 시기였는데 아침부터 밤까지 하루 종일 일을 해야 했다. 가게를 차린 후에도 벌이가 넉넉지 않아 주말마다 도서관에서 일하기도 했다.

미쓰코 씨는 장사를 하는 부모 밑에서 자라면서 장사가 얼마나 힘든 일인지 잘 알고 있었다. 그래서 배우자만큼은 평범한 월급쟁이를 원했고, 실제로도 월급쟁이와 결혼했다고 생각했다. 하지만 결국 남편이 음식점을 차리게 되었으니, 인생이 어디로 흘러갈지는 아무도 알 수 없다고 말한다.

"아무리 부부라고 해도 남편이 그렇게까지 하고 싶어 하는 일을 막을 수는 없잖아요. 너무 복잡하게 생각하지 않고, 자연스러운 흐름을 거스르지 않는 것이 가장 좋아요."

미쓰코 씨의 지론이다.

침실 창밖으로 이웃한 공원의 우거진 녹음이 펼쳐져 있다. 다듬어지지 않은 야생 그대로의 모습이 좋다.

가게를 연 후 인생이 즐거워졌다

가게를 시작하고 나서 두 사람의 생활은 완전히 달라졌다. 평일에는 원래 일찍 일어나는 기이치로 씨가 먼저 일어나 아침 식사를 준비한다. 가게에서 줄곧 요리를 하는데도 전혀 힘들어하지 않고 집에서도 요리하길 즐긴다. 가게에서는 서양 요리만 만들기 때문에 집에서는 주로 일식을 만든다. 아침에는 가쓰오부시(가다랑어포)를 싹싹 가는 일로 시작해 다시마, 멸치 등을 끓여 맛국물을 우려내는 일이 주요 일과다.

기이치로 씨는 9시쯤, 미쓰코 씨는 10시쯤 출근해 영업 준비를 한다. 창업 초기에는 하루 종일 쉬지 않고 손님을 맞았지만 체력이 점점 따라주지 않았다. 그래서 요즘은 점심 영업 후에 잠깐 문을 닫고 '충전 시간'을 갖는다. 필요한 휴식을 취하는 것은 물론 신선한 재료를 사오는 일이나 배달된 재료를 다듬고 정리하는 일도 이 시간에 할 수 있어 효과적이다.

특히 더운 여름에는 온몸이 땀으로 젖기 때문에 기이치로 씨는 그 시간이면 매일 사우나에 가는 것이 습관이 되었다. 또한 다른 음식점들을 연구하기 위해 밖으로 점심을 먹으러 가거나 친구들의 개인전을 보러 가기도 하고 때로는 낮잠도 잔다.

저녁 6시가 되면 가게를 다시 여는데 주문받은 요리를 다 내고 나면 가벼운 마음으로 손님들과 술 한잔을 나누기도 한다. 손님들과 대화를 나누는 시간이 너무 즐거운 나머지 이따금 가게 문을 닫는 시간이 늦어질 정도다. 대신 휴일에는 마음껏 쉰다.

기이치로 씨 부부가 사는 집은 지은 지 40년이 넘은 아파트다. 교통이 편리해서 외출하기 쉽고 집 가까이에 있는 공원의 녹음이 병풍처럼 둘러싸고 있어 무척 마음에 든다. 부부는 휴일 중 하루는 각자 원하는 대로 지내고, 나머지 하루는 함께한다. 기이치로 씨는 축구 관전을 자주 가고 미쓰코 씨는 조용히 책을 읽거나 산책을 하며 여유롭게 보낸다. 부부가 함께 보내는 날은 영화를 보러 가거나 함께 외출한다.

2011년 3월 동일본 대지진이 일어난 후에는 가게에도 작은 변화가 생겼다. 영업을 하지 않는 날 가게에서 자선 바자회를 열기 시작한 것이다. 손님들의 의견으로 시작하게 됐는데 비정기적이긴 하지만 이미 열두 번이나 개최했다. 판매액은 지진 피해자들에게 직접 전달되도록 피해 장애인을 지원하는 단체에 기부하고 있다. 얼마 전에는 피해 지역 주민들이 대지진 이후 수확한 쌀을 답례로 보내와 이 쌀로 다음 바자회 때 주먹밥을 만들어 함께 먹기도 했다. 비록 자그마한 활동이지만 지속적으로 해나가는 게 목표다.

역시 손님의 제안으로 시작된 시 짓는 모임도 가게에서 정기적으로 열고 있다. 한 달에 한 번 모이는데 그럭저럭 5년 이상 계속하고 있다. 이 모임을 계기로 하이쿠는 부부의 공통 취미가 되었다.

가게를 시작하고 가장 좋은 점은 가게가 아니라면 결코 만날 기회가 없는 사람들을 알게 되었다는 점이다. 나이도 제각각이고 하는 일도 가지각색이지만 취미나 관심사가 비슷한 이들이 많아서 순수하게 즐거움을 공유할 수 있다. 미쓰코 씨는 지금이 인생에서 최고의 시기라고 할 수 있을 만큼 알찬 생활을 하고 있다며 만족해한다. 가게를 시작하기 전에는 생각지도 못했던 일이다.

앞날을 알 수 없기에 더 설렌다

물론 어려움도 많다. 40대 후반에 이 일에 뛰어들고 보니 생각했던 것보다 훨씬 더 힘들었다고 부부는 입을 모은다.

"얼핏 짐작은 했지만 막상 해보니 완전한 육체노동 그 자체예요. 만약 정년퇴직을 하고 나서 시작했다면 체력이 도저히 받쳐주지 못했을 것 같아요."

줄곧 냄비와 프라이팬을 들고 일하는 기이치로 씨는 팔과 어깨가 아파서 매일 정형외과에 다니며 치료를 받고 있다. 몸이 멀쩡한 동안에는 가게를 계속하고 싶다는 남편 옆에서 미쓰코 씨가 문득 생각난 듯 말을 꺼냈다.

"가게를 시작하고 나서 저는 집에서도 전혀 요리를 하지 않게 되었어요. 역할이란 게 이렇게도 바뀌는 거구나 싶더라구요. 물론 앞으로 역할을 다시 바꾸어도 좋을 것 같아요. 제가 주방에서 일하고 남편이 손님을 맞는 거

방 두 개짜리 아파트에 세 식구가 살고 있다. 꾸미기를 좋아하고 물건을 좀처럼 버리지 못하는 성격이다.

죠. 저희는 개인 가게이기 때문에 얼마든지 바꿀 수 있지 않겠어요? 영업 시간도 그렇고 메뉴도 고정되어 있는 게 아니니까요."

기이치로 씨도 말을 보탰다.

"제가 어느날 갑자기 '오늘부터 요리는 그만!' 하고 선언할지도 모르죠.(웃음) 뭐, 제 의지와 무관하게 그만둬야 하는 상황이 올 수도 있고요. 두 사람이 계속 건강하면 좋겠는데 그건 아무도 모르는 일이니까요."

얼마 전부터 아들이 가게 일을 돕고 있다. 가게를 이어받으라고 강요하고 싶지는 않지만 본인이 원한다면 그렇게 될 수도 있을 것이다. 미쓰코 씨는 말한다.

"좋은 일이든 나쁜 일이든 계획한 대로 되지 않는 것이 인생이라는 걸 나이 들어서야 알게 되었죠. 그래서 지금은 앞날을 크게 생각하지 않아요.

앞날을 미리 알 수 없기 때문에 오히려 즐겁기도 하고요. 저는 아직도 제가 하고 싶은 일을 찾지 못했어요. 가게에서 알게 된 손님들이나 친구들 중에는 이미 자기 길을 찾아나가는 사람도 많지만, 이런 사람들은 극히 일부에 지나지 않을 거예요. 정말 행복한 사람들이죠."

꼭 그래서는 아니지만 미쓰코 씨는 '인생은 자연스럽게 흘러가는 편이 좋다'는 지론을 갖고 있다. 그래서 가게를 시작하길 잘했다고 생각한다. 한편 왠지 다시 한 번 인생의 전환점이 올 것만 같은 기분이 든다고 한다.

"앞날이 정해져 있는 건 결코 달갑지 않아요. 아무리 나이가 들어도 무엇이든 할 수 있다고 믿고 싶어요. 또 어떤 일이 일어나면 그때그때 결정하면 되니까요."

이들 부부의 현재 바람은 찾아오는 손님들에게 정성을 다해 요리를 내고, 가게를 계속 운영하는 것이다. 가게를 키울 마음은 조금도 없다.

"굳이 말하자면 번창하지 않으면서도 망하지 않는 것, 그것이 목표예요."

집에서도 요리는 남편의 몫이다.
여기저기 조리 도구가 놓여 있는 부엌은 좁지만 사용하기에는 편리하다.

안티 헤브린간 ANTI HEBLINGAN
도쿄도 지요다구 사루가쿠초 2-7-11
하마다 빌딩 2층 (東京都千代田区猿楽町 2-7-11)
☎ 03-5280-6678

하루 일과표(가게 영업일)	라이프 스토리
7:00 기이치로 씨 기상. 아침 식사 준비	**20대** 대학 동아리에서 만나 사귐
	졸업
8:00 미쓰코 씨 기상 가족이 모여 아침 식사	미쓰코 씨는 가업을 돕고 기이치로 씨는 취직
	결혼
9:00 기이치로 씨 정형외과에 들렀다가 장을 보며 걸어서 출근	도쿄 오이즈미가쿠엔(大泉学園)의 다세대주택에서 거주
	주위에 무인 채소 가게와 잔디 농가가 있는 한갓진 생활
10:00 주문한 재료를 들여놓고 정리 시작 미쓰코 씨 출근	이사
	미쓰코 씨의 친정 가까이 살면서, 일하는 시간과 노동력 절약
11:00 커피를 마시며 휴식	
11:45 점심 영업 시작	**30대** 장남 하루히코 출산
	미쓰코 씨, 아이를 업고 약국에 출근
	아이가 유아생활단에 입단
14:00 점심 영업 종료. 재료 구입, 사우나, 낮잠 등 충전 시간	아들이 초등학교 입학. 미쓰코 씨는 고급 요리점 안내원, 식당 주방 등에서 낮에만 시간제로 일함
	기이치로 씨, 판매 부서에서 기획 부서로 이동
16:00 저녁 장사 재료 들여놓음	**40대** 이사(두 번째)
18:00 저녁 장사 시작	오래된 아파트를 구입
	아들이 중학교에 들어가자, 미쓰코 씨는 도서관으로 전직하고 저녁까지 일함
21:00 음식 주문을 종료하고 손님들과 술 한잔에 담소를 나누며 영업 마무리	도쿄 스이도바시(水道橋)에 빈 가게를 발견하고 계약
	기이치로 씨 퇴직
	부부가 함께 〈안티 헤브린간〉 음식점 개업
23:00 문 닫을 시간이지만 이 시간에 마친 적은 없음	**50대** 이사(세 번째)를 계획 중
	가게 근처에 아파트를 빌리고 소유 아파트는 세를 놓을 예정
24:00 가게 문 닫고 퇴근 **25:00** 귀가 **26:00** 취침	

LIVE 14

야마나카 도미코

50대,
집을 리모델링하다

"주거 환경이 만족스러우면 저절로 행복해져요."

야마나카 도미코(山中とみこ)
1954년생. 대학교에서 복지학을 전공했다. 취미 삼아 고가구점을 운영하다가 본격적으로 〈치쿠치쿠 31분의 5 CHICU+CHICU 5/31〉라는 상표를 내걸고 디자인부터 봉제까지, 혼자서 옷을 만들어 판매하는 사업을 시작했다. 자택 아틀리에전 등 개인전과 기획전을 중심으로 고객과 가능한 한 얼굴을 마주하는 관계를 중요시하면서 단순하고 소재감이 있는 어른용 의복 사업을 펼치고 있다.

〈CHICU+CHICU 5/31〉 www.chicuchicu.com

좁은 집에서 사업을 시작하다

도심을 조금 벗어난 오래된 주택단지, 14층짜리 아파트 맨 위층에 야마나카 도미코 씨가 살고 있다. 거실 창밖은 탁 트여 있으며 밖에서 들어오는 따사로운 햇빛이 방 구석구석까지 감싼다. 가구가 적어서 쾌적한 공간에 나무 마루와 오래된 가구가 정취를 더해 편안한 느낌이 든다. 야마나카 씨가 만든 옷이 그렇듯, 여러 번 빨아 빛바랜 하얀 리넨 같은 분위기가 넘실댄다.

야마나카 씨가 지금 사는 집을 꼼꼼히 살펴보고 마지막 주거지로 리모델링을 한 것은 재작년의 일이다. 꾸밈새 없이 검소하게 생활할 수 있도록 직접 도면을 그려 계획을 짰다. 오랜 시간에 걸쳐 발견해낸 자신의 생활방식을, 최소한의 시공을 통해 원하는 형태를 갖춰나가는 일은 실로 즐거운 작업이었다.

야마나카 씨는 전업주부로 지내던 시절 의식주의 중요성을 깨달았다. 스물세 살에 결혼해 두 아이가 초등학교에 들어가기까지 11년 동안은 집안 살림만 했다. 뭔가 일을 해야겠다는 생각은 줄곧 있었지만 아이들의 옷을 만들거나 유기농 채소를 공동 구매하는 등 생활 속에서 발견한 다양한 즐거움이 그 초조함을 잊게 했다.

"아이들에게 입히고 싶은 옷을 시중에선 구할 수 없어서 직접 만들어보려고 재봉틀을 사용하기 시작했어요. 아이를 업고 할인하는 옷감 가게 앞에 줄을 서서 1미터당 100엔 정도 하는 옷감을 사오곤 했답니다. 그때는 저도 기운이 넘쳤지요. 아침부터 밤까지 아이들과 집안일을 돌봐야 했기에 재봉틀을 돌릴 수 있는 시간은 아이들이 낮잠 잘 때뿐이었어요. 그것도 두 아이가 동시에 잠들어야만 가능했죠. 힘들긴 했지만 그렇게 고생해서 만든 옷을 아이들에게 입혀 놀이터에 데리고 나가는 일이 무척이나 즐거웠어요. 만나는 사람마다 어떻게 만들었냐고 난리였거든요. 칭찬을 받으면 얼마나 뿌듯한지 몰라요.

공동구매는 당시 제가 선구자 격이었죠. 근처 지역에서 공동구매를 하는 주부 모임이 있어서 함께 구입하곤 했어요. 물건을 까다롭게 고르는 사람들이어서 그런지 대부분 멋쟁이에 집도 근사하게 꾸며놓은 사람이 많았죠. 그래서 놀러 갈 때마다 자극을 받아 저도 인테리어에 관심을 갖게 되었어요."

이 무렵부터 고가구에 매력을 느껴 일요일에는 두 아이를 데리고 골동품 박람회를 찾아 다녔다.

"갖고 싶은 물건은 엄청 많았지만 당시 제게는 너무 비싸서 그림의 떡이었어요."

그래서 한 개에 500엔 하는 종지 그릇을 모았다. 그러다가 둘째 아이가 초등학교에 들어가자 당장 일을 시작했다. 2년 정도 리폼회사에서 일을 배운 뒤, 마음에 드는 물건을 모아 집에서 가게를 연 것이다. 당시 살던 공영주택은 방 두 개와 좁은 부엌으로 이루어진 구조였다. 아이들의 2층 침대와 책상, 텔레비전을 놓으면 방이 꽉 찼지만 일주일에 두 번, 가게를 여는 날만은 살림하는 집처럼 느껴지지 않도록 꾸미고 상품을 진열했다. 취급한 물건은 작가들의 그릇과 목공, 염색한 천, 그리고 고가구였다. 종지 그릇을 시작으로 발을 들여놓은 고가구의 세계에서 인맥도 점차 넓어져 그들을 따라 시장에 다니다 마침내 직접 사는 수준에까지 이르렀다.

"이 무렵에는 집에서 가게를 겸하는 형태가 드물었기 때문에 입소문을 듣고 멀리서 손님이 찾아올 정도로 뜻밖에 인기가 좋았어요. 하지만 아무래도 집이 좁다 보니 와서 본 사람들이 깜짝 놀라곤 했지요. '여기서 네 식구가 사는 거예요?' 하고 묻기도 하고요.(웃음) 한번은 일요일 이른 아침부터 벨이 울려서 나가봤더니 글쎄 가게 여는 날을 잘못 알고 손님이 찾아온 거예요. 아직 잠옷 차림인 데다 가족이 모두 집에 있어서 가게를 열고 싶어도 열 수 없었답니다.(웃음)"

매출은 괜찮았지만 법규상 집에서는 물건을 팔 수 없다는 사실을 알고는 3개월 만에 그만둘 수밖에 없었다. 이미 구입해놓은 상품의 재고가 많이 남아 있는 데다 손님들의 반응도 좋았기에 아쉬움이 컸다. 고민하던 차에 집에서 가까운 곳에 세를 놓은 낡은 집을 발견하고 무릎을 쳤다. 밑져야 본전이라는 생각으로 집세를 타협했다. 이렇게 아마나카 씨는 서른여섯 살에 고가구점의 주인이 되었다.

전업주부가 내 일을 가지기까지

가게를 4년 정도 운영했을 즈음 친정어머니가 병에 걸리는 바람에 문을 닫았다. 가족들에게 집안일을 맡기고 고향으로 돌아가 약 석 달 동안 어머니 간병에 전념했다.

"가게 경영은 솔직히 벅찼어요. 아이들 학부모 모임에도 나가야 하고 축구부 활동을 지원하는 당번도 맡아야 해서 시간적으로도 여유가 없었거든요. 좀 지쳐 있었어요. 어머니 간병을 마치고 돌아왔을 때, 지금까지와는 전혀 다른 일을 하고 싶더라구요. 그래서 자치단체의 홍보지에서 특별지원학급의 부담임 모집 공고를 보고 이력서를 냈는데 합격해서 임시직원이 되었지요."

학교 아이들과 미술시간에 뭔가를 만드는 일은 무척 신선하고 즐거웠다.

둘째 아들이 독립해 나간 후에 리모델링한 아틀리에. 거실 창을 통해 밖을 내다보면서 일할 수 있도록 꾸몄다. 벽을 떼어 내고 만들었다.

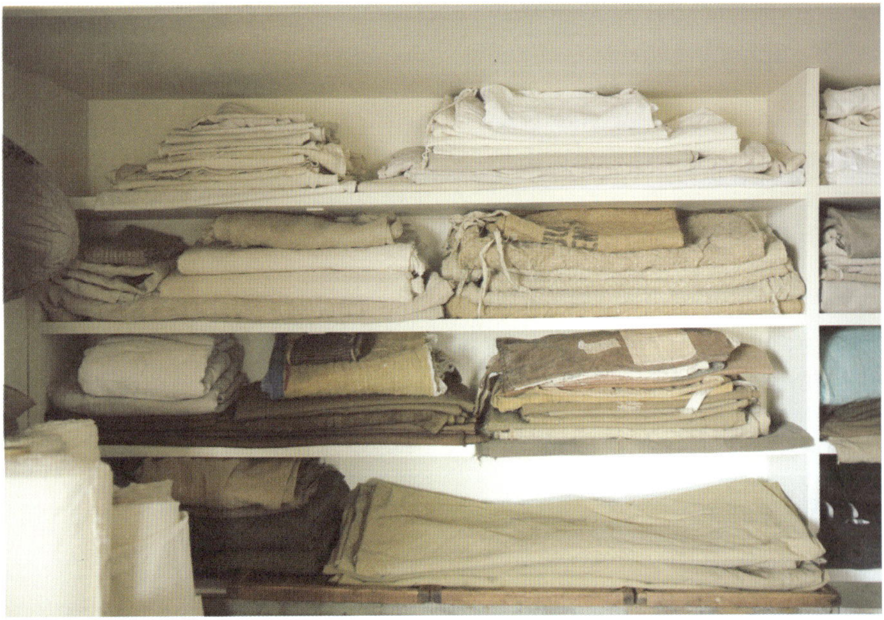

아틀리에의 수납장에 낡은 옷감을 보관한다. 원래는 벽장이었는데 선반을 짜 넣고 페인트칠을 했다.

그래서인지 점점 물건을 만들고 싶다는 바람이 싹텄고, 임기를 마친 후에는 만들기와 관련해 자신이 할 수 있는 일이 뭔지 진지하게 고민하기 시작했다. 그때 불현듯 재봉틀의 존재가 떠올랐다. 아이들이 어릴 때 사용하던 재봉틀이라면 뭐라도 할 수 있을 것 같아서 그때부터 독창적인 옷을 만들기 시작했다.

"처음에는 예전 가게 단골손님 중에서 옷에 관심이 있을 만한 분들에게 편지를 보내 집에서 전시회를 열었어요. 초대장을 10~20장밖에 보내지 않았는데 모두 와주셨지요. 전시회는 집 호수를 넣어 '스튜디오 1401'이라고 제목을 붙이고 계절마다 한 번씩 개최했어요."

그 당시 공영주택 단지에서 현재의 아파트 14층으로 이사해 살고 있었다. 방 세 개짜리 아파트로 예전 집보다 넓어지기는 했지만 성장한 두 아이가 방을 하나씩 차지하고 있고, 나머지 방 하나는 가구로 가득 차 있어서 여전히 일하기에 좋은 환경은 아니었다. 하지만 전시회를 열 때는 복도에 옷을 걸어 그럴듯하게 꾸몄다.

그러다 어머니에게 여생이 얼마 남지 않았음을 알고 다시 고향으로 가 간병에 몰두했다. 어머니의 병구완이 끝난 후, 본격적으로 하고 싶은 일을 하기로 했다.

가게 상표를 〈CHICU+CHICU 5/31〉로 바꾸고 한 달에 닷새 동안 집에서 아틀리에를 여는 형태로 운영했다. 2003년, 마흔아홉 살에 시작한 이 가게는 크고 작은 변화를 거치면서 궤도에 올라 현재에 이르렀다.

노후를 향해 홀가분하고 검소하게

지금 사는 아파트로 이사한 것은 1996년이었다. 당시 지은 지 24년이나

아마나카 씨가 직접 만들어 파는 〈CHICU+CHICU 5/31〉의 원피스. 이것은 전시용으로 앤티크 리넨으로 만든 견본 상품이다.

된 오래된 아파트라 값이 저렴하면서도 깨끗한 점에 마음이 끌렸다. 다른 집은 여기저기 색이 바랜 곳도 있고 쓸데없이 화려하기만 해서 마음에 들지 않았다.

이 집이 마음에 든 가장 큰 이유는 거실에서 내려다보는 전망이었다. 그 장점을 살리기 위해서 이사 후 줄곧 커튼을 치지 않고 지낸다. 겨울에는 제법 찬바람이 들어 춥지만 야마나카 부부는 커튼을 치는 대신 옷을 껴입는다.

옷을 만들면서 집을 작업 공간으로 삼게 되자 아무래도 방 배치를 바꾸는 게 좋을 것 같았다. 직접 하면 예산을 줄일 수 있을 듯해 친구 남편의 도움을 받기로 했다. 일본식 방의 다다미를 떼어내고 거실과 한 공간으로 잇는 대공사에 착수했다. 마루에 나무 판자를 대고 마루와 벽, 천장까지 모두 흰색으로 칠했다.

나중에 아이들이 독립하자 아이들이 쓰던 방은 부부가 하나씩 차지했다.
"드디어 자유다!"

아이들로부터 벗어난다는 사실이 정말 좋았다. 둘째 아들이 쓰던 7.5평짜리 방은 전통을 지향하는 젊은 장인에게 맡겨 아틀리에로 새롭게 개조했다. 공영 주택단지에 살 때는 물론이고 이 아파트에서 옷 만들기를 시작한 뒤에도 거실에 재봉틀과 옷감을 펼쳐놓고 일하느라 무척 불편했다. 일을 하다가 가족이 돌아오면 급히 치우기를 반복해야 했던 터라 자신만의 아틀리에가 생긴 기쁨은 이루 말할 수 없이 컸다.

그로부터 몇 년이 흐르자 남편의 방만 리모델링하지 않았다는 사실이 마음에 걸렸다. 수집광인 남편은 처음엔 반대했다. 하지만 마음먹은 김에 과감히 개조하지 않으면 나중에 혹여 앓아눕기라도 하면 그땐 하고 싶어도

리모델링하여 효율성 있게 다시 태어난 남편의 방. 물건을 깔끔하게 정리할 수 있도록
벽면에 수납 공간을 만들었다.

할 수 없을뿐더러, 좁은 방일수록 수납 공간을 제대로 만들어야 한다고 끈질기게 설득했다. 환갑도 지났으니 리모델링을 계기로 소유한 물건도 줄이고 싶었다.

좀처럼 동의하지 않던 남편은 우연히 동네에서 공개한 리모델링 하우스를 보고 온 후 마음을 바꿨다.

"리모델링 주택 전시장에서 본 집이 딱 마음에 들어서 그 건축 회사에 시공을 의뢰했어요. 제가 대강 원하는 사양을 정한 뒤에 건축가를 꿈꾸는 젊은 친구에게 설계를 부탁했지요. 그런데 완성된 남편의 방을 보니 어찌나 맘에 드는지 부엌까지 개조하고 싶어지지 뭐예요. 하지만 예산이 없었어요. 제 취향대로 개조할 거라서 기왕이면 제가 번 돈으로 하고 싶단 생각에 그때는 단념했어요."

하지만 얼마 안 있어 물건을 구입하려고 계획했던 프랑스 여행이 취소되었다.

"여행 때 쓰려고 모아둔 돈으로 부엌을 개조해야겠다는 생각이 들더군요. 이번이 마지막이라고 다짐하고, 줄곧 마음에 걸렸던 곳을 싹 바꾸었어요."

집 리모델링으로 얻게 된 만족감

부엌을 중심으로 거실은 물론 욕실과 화장실도 개조하고 싶었지만 막상 견적을 받아보니 부엌만 해도 지불하기 벅찰 정도로 큰 금액이었다. 예산이라고 해봤자 약간 넉넉한 해외여행 비용이 전부였다. 그 금액으로는 어림도 없었기에 하나씩 견적서 내역을 살펴보면서 예산을 변경하고 줄이며 맞춰나갔다.

리모델링의 이모저모

높게 만든 부엌 조리대는 밖에서 부엌 안이 들여다보이지 않게 하는 효과가 있는 데다 수납 공간도 꽤 넓다. 물건들이 보이지 않도록 깔끔하게 리모델링한 부엌과 식당은 집에서 가장 안락한 장소가 되었다.

이케아 가구점에서 고른 주방 설비는 작업대의 효율성을 우선으로 한 L자형이다. 싱크대에 서 있으면 창밖의 경치가 한눈에 내다보인다.

욕실의 보일러를 굳이 감추지 않고 공업용 설비 분위기가 나도록 색다르게 꾸몄다. 세면대는 튼튼하고 각이 진 디자인을 고르고 곳곳에 고가구를 배치했다.

야마나카 씨의 방은 작업실로 사용하기 때문에, 거실에 침대를 놓기로 발상을 바꿨다. 낮에는 커버를 씌워 소파 대용으로 사용한다.

마루는 콘크리트 패널을 깔아 예산을 대폭 줄였다. 투박한 질감이 오히려 취향에 맞았다. 보통 판자를 대서 까는 마루와 달리 홈이 없어서 깔끔하다.

부엌에서 사용하던 서랍장이 현관의 빈 공간에 딱 들어맞아서 신발장으로 재활용하고 있다. 흔한 현관 구조지만 오래된 나무의 질감이 색다른 멋을 풍긴다.

수납 선반을 만들 계획이었던 부엌의 스토브 앞 공간에도 다른 곳에서 사용하던 장식장을 놓았더니 딱 들어맞아 예산을 줄이는 데 한몫했다.

복도에 있는 수납장 문이 마음에 들지 않았지만, 자세히 보니 문 뒤쪽이 훨씬 보기 좋다는 사실을 알았다. 가까운 시일 내에 안팎을 서로 바꿔 달 생각이다.

우선 부엌 가구는 저렴하고 심플한 이케아 제품으로 바꿨다. 시공이 독특하고 품이 많이 들 것 같아서 건축사무소 측의 양해를 얻어 이케아 제품 전문가에게 맡겨 진행했다. 덕분에 예산을 크게 줄였다.

마루는 평범한 나무 마루로 붙인다 해도 예산이 가장 많이 들어가는 곳이므로 예산을 깎는 수밖에 없었다. 판자를 붙이는 대신 '콘크리트 패널(기초 공사에 사용하는 베니어 합판) 그대로' 깔아달라고 부탁했다.

그 다음으로 붙박이장을 만드는 데 의외로 인건비 예산이 높았다. 선반은 목공에게, 문은 건구상에게 따로따로 의뢰해야 하기 때문이다. 비용을 최대한 줄이려고 이리저리 모색하다 보니 뜻밖의 아이디어가 떠올랐다.

"부엌에 수납용 선반을 만들고 싶었지만 워낙 비싸서 포기했어요. 그랬더니 우연히도 그 공간에, 예전에 쓰던 장식장이 딱 들어가지 뭐예요. 붙박이장을 무리하게 만들지 않길 잘했어요. 전체의 구조를 보지 못한 채 세세한 부분까지 완벽하게 한 번에 하려다가 헛돈을 쓸 뻔했죠. 우선 토대만 갖춰놓고 살면서 나중에 하나씩 바꿔가면 되는데 말이에요."

그 밖에도 부엌에서 쓰던 서랍장의 본체를 현관 신발장으로 쓰고, 떼어낸 서랍은 부엌 조리대 수납장에 넣어 사용하는 등 되도록이면 갖고 있는 가구를 최대한 활용할 수 있도록 미리 머리를 짜냈다.

"젊었을 때와 달리 웬만하면 물건을 버리지 말고 활용해야겠다는 의식이 강해졌어요. 지금까지 애착을 갖고 소중하게 사용해온 물건이기도 하고, 홀가분하게 살기를 원하면서 물건을 헛되게 한다면 오히려 모순이죠. 지금은 제 나름대로 만족스러운 공간도 생겼으니 그곳에 어울리는 물건을 찾을 때까지 초조해하거나 서두르지 않고 아이디어를 살리려고 해요. 복도에 있는 수납장 문도 바꾸고 싶었지만 예산이 부족해서 일단 보류한 대신

페인트칠을 새로 했어요. 그런데 최근 문득 안팎을 바꾸면 좋겠다는 생각이 든 거예요. 안쪽은 콘크리트 패널처럼 투박한 나뭇결로 되어 있었거든요. 그렇게 머리를 짜내면 특색 있는 공간으로 변신하기도 해서 새로운 아이디어가 떠오를 때마다 무척 신이 난답니다."

야마나카 씨는 이번 리모델링에서 무엇보다 기능성을 살리고 방 전체가 더욱 깔끔해 보이도록 하는 데 중점을 두었다. 과거 직접 리폼을 할 때는 정크 아트(생활 폐품이나 잡동사니를 활용해 만든 작품 – 옮긴이)로 마무리한 느낌을 좋아했고 잡지에 자신의 작품이 실리면서 인맥이 넓어지는 뜻밖의 소득까지 얻었다. 하지만 슬슬 '손으로 만든 느낌'에 싫증이 나던 참이었다. 지금은 단순하면서도 고풍스러운 가구나 물건을 놓아두는 정도가 딱 좋다.

야마나카 씨는 평소에 집에서 일을 하기 때문에 옷을 만들다 보면 점점 방이 어질러지고 그것을 볼 때마다 초조해진다. 성격 자체가 워낙 정리를 잘 하지 못하지만 그렇다고 너무 깔끔하게 정돈되어 있으면 숨이 막힌다. 그래서 밖으로 드러나거나 눈에 띄는 물건은 가능한 한 골라내기로 했다. 야마나카 씨에게는 시야에 어떻게 보이느냐가 중요하다.

"식탁 쪽에서 부엌 조리대를 보면 부엌 내부가 들여다보이지 않아서 깔끔해요. 좀 지저분해져도 스트레스를 받는 일은 없어졌으니 정말 잘한 일이지요."

오랜 세월 동안 어떻게 하면 좁은 공간을 효율적으로 활용하여 생활할 수 있을까 궁리한 덕분에 이번에 개조할 때는 자신이 원하는 바람을 충분히 반영할 수 있었다.

수납 법칙 1. 흰색은 보이는 곳에

야마나카 씨에게 '흰색'은 보여도 좋은 색이다. 거실 침대 옆 수납 공간에는 흰색 옷만 걸어둔다.

오래된 진열장은 거실의 눈에 잘 띄는 공간에 놓았다. 진열장 안에는 보여도 좋은 흰색 그릇만 넣어 두었다.

흰색 외에 투명한 '유리 그릇' 또한 보여도 되는 존재다. 부엌 진열장 안에는 유리로 된 그릇을 진열했다.

수납 법칙 2. 색깔 있는 물건은 보이지 않는 곳에

집을 개조할 때 목공이 만들어준 수납장을 흰색으로 깔끔하게 칠했다.

수납장 안에는 색깔 있는 옷이나 침구 등 보이고 싶지 않은 물건을 넣어둔다.
손님이 올 때는 텔레비전도 이곳에 감춰둔다(왼쪽 아래 공간).

식당 주변에 잡동사니 물건이 너저분하게 나와 있지 않도록 부엌 조리대 아래에 수납장을 만들었다.
↓

수납장 안에는 보이고 싶지 않은 알록달록한 그릇을 넣어두었다.
맨 위칸의 손잡이가 있는 서랍은 현관 서랍장에서 빼내 재활용한 것이다.

"지금까지 살던 집은 모두 대출이 끼어 있었어요. 누군가는 이 아파트가 좁다고 하겠지만 제게는 지금이 살면서 가장 넓은 집이에요.(웃음) 아이들이 독립해 나가고 겨우 얻은 공간인걸요. 처음부터 넓은 집을 손에 넣었다면 아마 이렇게 감사한 마음도 느끼지 못했을 거예요. 요즘은 간혹 잡지에서 화려한 인테리어를 봐도 모두 비슷비슷하게 느껴지고 아무런 감흥이 없어요. 아마 노력하지 않고 그저 흉내만 낸 것이라 그럴 거예요. 돈만 내면 얻을 수 있는 것은 아무리 근사하게 꾸며놓는다 해도 제게는 별 의미가 없거든요. 절실히 원하고 스스로 노력한 끝에 얻은 것일수록 색다른 만족감을 주잖아요. 저에겐 제 집이 그런 곳입니다."

야마나카 씨에게는 손주가 다섯 명 있다. 아기옷 브랜드인 〈치쿠치쿠 베이비CHICU CHICU BABY〉에서는 감촉과 심플한 디자인을 중시한다. 바지와 앞치마, 수유용 케이프도 만들고 있다.

하루 일과표(일하는 날)	라이프 스토리	
4:30 기상 남편 도시락 만들기	10대	집에서 독립해 도쿄의 대학교 진학
5:00 다시 잠자리에 듦(설핏설핏 잠)	20대	결혼 후 아파트에 거주 장남 출산 육아 환경을 고려해 공영 주택단지로 이사 아이 옷을 만들기 시작 차남 출산
7:00 기상 후 요거트와 과일로 가벼운 아침 식사		
9:00 작품 만들기	30대	차남의 초등학교 입학과 동시에 리폼 회사에 취직해 디스플레이를 담당 자택에서 가게를 차림 고가구점 개업
11:00 점심 식사 하루 중 가장 제대로 먹고 싶어서 대개 밥을 지어먹는다 다시 작품 만들기		
	40대	고가구점을 정리하고 어머니 간병을 위해 귀향 특별지원학급의 임시 보조직원으로 취직 현재의 아파트로 이사 '스튜디오 1401'을 열고 독창적인 옷을 만들기 시작 거실을 직접 리모델링함 〈CHICU+CHICU 5/31〉 사업 시작
17:00 장보기		
18:00 저녁 식사 준비		
19:00 저녁 식사 술과 함께 간단한 안주를 먹고 밥은 먹지 않는다	50대	장남 독립 – 장남의 방을 남편의 개인실로 사용 차남 독립 – 차남의 방을 자신의 아틀리에로 개조 남편의 개인실 리모델링 부엌과 거실 리모델링
22:00 ~ 23:00 보통 꾸벅꾸벅 존다		
24:30 ~ 잠잘 준비를 하고 나서 취침		

Life 05

에다모토 나호미

50대,
사회 활동에 참여하다

"타인의 평가에서 벗어나 자신만의 기준을 세워라."

에다모토 나호미(枝元なほみ)

1955년생. 20대에 연극단 단원으로 활동했으며 다국적 요리점의 아르바이트를 하면서 요리에 관심을 가져 요리연구가가 되었다. 『소소한 기분과 소소한 레시피』 『오늘도 평범하게 밥을 먹는다』 등 레시피부터 에세이까지 다수의 저서와 공저를 펴냈다. 노숙자의 자립을 지원하는 비영리단체 '빅이슈 재팬'의 이사를 역임했으며 생산자와 소비자를 직접 연결하는 〈팀 무카고〉를 주재하고 있다.

〈팀 무카고〉 mukago.jp

이상이 없으면 좌절도 없다

"저는 더할 나위 없이 홀가분하게 살아요."

친숙한 웃음으로 발랄하게 입을 여는 에다모토 나호미 씨. 그녀는 '평범하게 밥 먹으며 살아가는' 일을 세상에서 가장 중요하게 여긴다. 어떤 일이 생기면 '평범하게 밥 먹으며 살아가기 위해서 어떻게 해야 좋을지'를 먼저 생각한다. 그래서인지 이것저것 얽매이는 법이 없다. 웬만한 건 이 기준 하나로 판단하는 단순파다.

10대 때부터 세상사의 근본을 생각하자는 세계관을 갖고 있었다. 제롬 데이비드 샐린저의 소설 『호밀밭의 파수꾼』의 영향을 받아 대학에서 영미문학을 선택했지만 학생운동의 여파로 인해 대학이 봉쇄되고 말았다. 친구들 중에는 기성 사회통념과 제도를 부정하는 히피들이 많았고 12년간 함께 지낸 남자친구 또한 히피 생활을 택한 사람이었다. 이 무렵에 접한 히피 문화, 그중에서도 사회 체제에 얽매이지 않고 지구 전체의 삶에 눈을 돌리자는 사상이 에다모토 씨 삶에 큰 뼈대로 자리잡았다.

친구들의 권유로 연극을 시작한 것은 대학교 3~4학년 때다. 그때부터 줄곧 연극의 길을 걸어 20대 중반 '전형극장(転形劇場)'의 단원이 되었다. 같은 무렵, 도쿄 나카노(中野) 구에 있는 다국적 레스토랑(다양한 국가와 지역의 식문화 요소를 조합한 요리를 내는 음식점 - 옮긴이) 〈카르마〉의 주방에서 일하기 시작했다. 연극과 아르바이트를 병행하는 생활을 8년 정도 했을 무렵 극단이 해체되었다. 바로 직전 지인의 소개로 잡지 일을 맡았는데 그 인연이 이어져 지금에 이르렀다.

"제 의지로 무언가를 시작한 적은 없어요. 큰 뜻을 두고 연극을 했던 것도 아니고, 또 어떤 목표가 있어 요리를 한 것은 더더욱 아니에요. 우연히

라오스에서 산 불상을 방에 두었다. 어딘가 온화해 보이는 표정이 마음에 든다.

흘러가는 대로 했을 뿐인데, 실은 그래서 계속했는지도 몰라요. 이상(理想)이 있으면 현실과 격차가 생기잖아요. 그러면 금세 괴로워져서 차례차례 그만둘 것 같은 거예요. 연극은 특히 그랬어요. 제가 '이런 연극을 하고 싶어!' 하고 바란다고 해서 당장 원하는 역할이 들어오는 것도 아닌 데다 연극은 오랫동안 가난한 생활을 해야 하는 직업이에요. 극단 청소도 해야 하고, 잔심부름도 해야 하고요. 이상과 괴리가 너무 크죠. 연극이든 요리든 뭔가 한 가지를 해보면 할 수 있는 일과 할 수 없는 일이 생기잖아요? 할 수 없으면 '왜 그럴까?' 하고 마음에 걸려요. 하지만 계속 생각하다 보면 다음에는 그 일이 가능해져서 '해냈다!'는 자부심이 생기죠. 하지만 바로 또 할 수 없는 일이 생겨나요. 이렇게 반복하면서 지금 내가 할 수 있는 일과 할

이 돌은 여행지에서 무의식 중에 줍거나 사 모았다. 단층이 보이는 돌들에 마음이 끌린다. 뚜껑이 있는 돌은 유명한 석공예가 오노 마스오(大野万須夫) 씨의 작품이다.

수 없는 일이 뒤섞여 조금씩 굴러가는 것 같아요. 마치 말똥구리처럼요.(웃음) 으샤 하고 굴리면 밑에 있던 것이 위로 나오고, 영차 하고 다시 굴리면 위에 있던 것이 밑으로 가는데 그러다 보면 어느 한쪽 방향으로는 조금씩 나아가잖아요. 전 그랬던 것 같아요.

주변에선 큰 꿈을 품고 달려가라는 말을 많이 하지만 그건 현실과는 좀 어긋난다고 생각해요. 인생이라는 게 내가 정한 꿈까지 일직선으로 가기는 거의 불가능해요. 굳이 한 방향을 정하지 않고 조금씩 나아가면 되는 거죠. 그런 의미에서 제게는 좌절이 없다고나 할까요. 반대로 매일이 소소한 좌절의 연속이라고도 할 수 있고요.(웃음)"

길이 있다고 생각하기 때문에 망설인다
처음부터 길이 없다고 생각하라

에다모토 씨는 사람들이 길을 미리 정해놓고 그 길을 가려고 기를 쓰기 때문에 만족도나 자긍심이 낮아지는 거라고 말한다.

"어떤 아이가 시험에서 50점을 받으면 엄마는 '조금만 더 열심히 하자'고 하잖아요. 그 다음 70점을 받아오면 '아직 부족해. 조금만 더'라고 말하죠. 이 착한 아이가 더 노력해서 80점, 90점이 되고 마침내 100점을 받아오면 이번에는 '반에서 100점 맞은 애가 몇 명이나 되니?' 하고 묻는다는 거죠. 이래서는 자긍심이 생길 수가 없어요. 최근 갑자기 늘어난 '조금만 더, 조금만 더!' 하는 사고를 바꾸어야 행복해질 수 있어요. 무엇보다 다른 사람과 비교하지 말아야 해요. 남과 비교당하는 건 정말이지 견딜 수 없어요. 자신의 정체성을 어디에 두느냐에 따라 행복해지기도 하고 힘들어지기도 하거든요."

에다모토 씨는 텔레비전에 자주 출연하는 편이지만 거기에 자신의 정체성을 두지 않으려고 조심한다. 텔레비전에 나오면 부모님도 기뻐하고 주변 사람들도 잘 보고 있다며 안부를 전한다. 하지만 그런 모습을 자신의 존재 가치인 양 받아들이면 언젠가 텔레비전에 나오지 않게 되었을 때 자신이 부정당하는 기분이 들 수 있기 때문이다.

"요리로 처음 텔레비전에 나갔을 때, 전날 자전거를 타다 넘어졌어요. 앞니가 부러지고 여기저기 찰과상을 입은 채로 방송에 나갔죠. 방송이 나간 후 시청자 의견을 봤더니 '명색이 ○○방송국에서 왜 그런 사람을 내보냈느냐' '○○방송국스럽지 않아서 오히려 즐거웠다'는 등 의견이 다양했어요. 알지도 못하는 사람들에게 심한 말을 들으니 분하기도 하고 주눅이 들어

신경이 쓰였죠. 그 일이 있은 후 방송이라는 것이 요리보다도 나의 일거수일투족에 더 관심이 많다는 걸 깨달았어요."

이후 에다모토 씨는 외부의 평가에 민감해지지 말자고 마음을 다잡았다.

"가령 요리할 때 말이죠, 당근을 자르는 행위 하나로도 무척 즐거울 때가 있어요. 요리가 너무 좋아 미치겠다 싶을 정도로요.(웃음) 아무도 알아주지 않고 칭찬받지 못해도 그때의 기쁨에 의미를 두면 누가 뭐라든 상관없어요. 전혀 힘들지 않아요."

문득 본질로 눈을 돌리고 보면 자신의 생각을 가두었던 틀이 스르르 무너지고 곧 마음이 편안해진다. 20대 때 여행 중에 그런 경험을 했다.

"스웨덴에 간 적이 있어요. 7월 말이었는데 블루베리가 가득한 숲을 산책하다가 길을 잃었지 뭐예요. 이리저리 돌아다니다 보니 내가 어디쯤에 있는지 알 수 없었어요. 갑자기 당황스럽고 불안했는데, 그때 문득 이런 생각이 들었어요. 내가 이곳에 사는 동물이고 블루베리가 주식이라고 여기면 되지 않을까 하고요.(웃음) 돌아가야만 한다고 생각하니까 길을 잃은 것이 큰일인 거죠. 내가 지금 여기 살고 있다고 생각하면 전혀 곤란하지 않겠더라고요. 먹을 것도 있고 말이죠. 그렇게 생각하니 갑자기 마음이 편안해지더군요. 나중에 곰곰이 되짚어봤더니, 길을 잘못 들었다고 생각하기 때문에 두려운 거였어요. 아까 하던 얘기로 돌아가면, 누구나 자신의 앞날에 펼쳐질 길을 상상하고 그려보잖아요? 스무 살이 지나면 어떤 어떤 직장에서 일을 하고, 서른 살쯤엔 결혼을 해서 아이를 갖고 하는 식으로요. 하지만 제 경우엔 길이 보이지 않았어요. 앞이 보이지 않는다고 생각하니 불안했지요. 하지만 애초에 길 같은 건 없어요. 그저 자신의 앞에 있는 것은 초원이고 블루베리 밭이죠.(웃음) 원래 길이 없는 숲 속에 살고 있다면 헤맬 것도

프랑스 어느 정원에 있는 나무에 매달려 있던 사과 껍질. 벌레가 먹고 껍데기만 예쁘게 남겨 놓았다. 인간이 일부러는 결코 만들 수 없는 이 모양이 망가지지 않도록 소중하게 담아 가져 왔다.

골동품상에서 발견한 스토브 하부판으로 거실 벽을 장식했다. 오랜 세월에 걸쳐 생겨난 녹이 운치를 더한다.

없고, 어디로 가고 어디로 돌아오든 전부 자신의 자유인 거죠."

'누군가를 위해서'가 아니어도 좋다

그렇다고 에다모토 씨인들 모든 일이 즐거운 것만은 아니다. 힘든 일도 있다. '빅이슈'에서 노숙자들을 지원하는 일을 하게 된 것도, '동일본 대지진 피해자 돕기 프로젝트'를 시작한 것도 자신의 고통을 벗어던지고 싶다는 열망에서 비롯했다.

"한때 일본식 시스템은 파탄이 났다고 생각한 적이 있었어요. 형식적인 면에는 돈을 물처럼 쓰면서 정작 내용적인 면, 즉 사람이 관련된 일이나 아이디어에는 비용을 지불하지 않아요."

정말로 돈이 없다면 처음부터 자원봉사라고 말해주면 좋을 것을! 탤런트에게는 개런티를 지불하면서 요리사에게는 명목상 교통비나 지불하는 뉴스 프로그램, 돈이 없다며 최소 경비도 안 되는 예산을 책정하면서 화려한 분수대까지 갖춘 청사를 짓고 있는 지방 공공단체 등 하나같이 돈이 없다는 거짓말로 요리사라는 분야를 인정하지 않았다. 담당자들은 매번 자신에게 돌아오는 비난을 피해 가기 위해 '회사 규칙이 그렇다' '위에서 그렇게 지시했다'고 입을 모아 변명할 뿐이었다.

이런 현실적 괴로움에 시달리던 때 빅이슈를 알게 되었다. 빅이슈는 노숙자들이 직접 잡지를 팔아 자립을 할 수 있도록 돕는 사회적 사업이다. 자선단체는 아니고 자립 지원을 목적으로 한다.

"무척이나 명쾌한 시스템이에요. 예전에 저도 길에서 자고 있는 노숙자에게 돈을 주려고 했다가 거절당한 적이 있거든요. 순간 아차, 실수했구나 싶었죠. 빅이슈는 적선을 하는 게 아니라 일자리를 나누는 일을 해요. 판매자는 비즈니스 파트너이고 대등한 관계입니다. 빅이슈에서는 돈을 주는 게 아니라 희망을 줍니다. 희망을 함께 만든다고 할까요."

빅이슈에서 활동하기 시작하면서 세상을 향해 접었던 희망을 다시 건져 올리고 있다. 어쩌면 자신의 마음을 구원받고 싶어서 참가하고 있는 건지도 모른다.

〈니코마루 프로젝트〉라는 동일본 대지진 피해자 돕기 프로젝트도 마찬가지다. 쓰나미 참사가 발생한 후 당시 누구나 그랬던 것처럼 에다모토 씨도 엄청난 불안과 무력감에 사로잡혔다. 도저히 가만히 있을 수가 없어서 같은 생각을 가진 사람들끼리 모여 니코마루 쿠키(생긋 웃는 동그란 얼굴 모양이라는 뜻의 이름을 붙인 쿠키 - 옮긴이)를 만들어 피해 지역에 보낸 것이 활동의 시작이다. 계속하는 동안 서로 마음의 위로를 받으며 조금씩 기운을 차리게 되자, 직접 피해를 입은 사람들이 이 일을 하면 좋겠다는 생각이 들었다. 그래서 피해자들이 만든 쿠키를 판매하여 수입으로 직접 이어지게 하는 프로젝트로 방향을 전환했다.

에다모토 씨는 이런 일을 '사회 공헌'이라고 생각하지 않는다. 그저 '누군가 기뻐하면 나도 기쁘다'는 단순한 생각이다. 도움이 필요한 사람을 위해 작은 일을 함으로써 결국 도움을 받는 것은 자신이기 때문이다.

"내가 하는 일이 세상에 도움이 될지 아닐지를 검증하고 고민하는 사람들이 꽤 많잖아요. 하지만 전 제가 하는 일이 다른 사람에게 꼭 도움이 되지 않아도 괜찮다고 생각해요. '의미를 찾고 싶다'는 마음은 살아가는 의미를 알고 싶다는 말과 똑같거든요. 하지만 인생이 꼭 그렇지만도 않다는 걸 동일본 대지진이 일어난 후 깨닫게 됐어요. 살아서, 먹고, 함께 있고, 웃고, 울면서 결국은 삶을 이어간다는 것이 무엇보다 중요하죠. 일을 하면서 꼭

부엌 생활의 즐거움

캔이나 병 등 재활용할 수 있는 용기는 수납에 활용한다. 오른쪽 위의 사진은 그리스의 칼라마타 올리브 캔이다. 왼쪽 아래의 사진은 코코아 캔인데 가쓰오부시나 밀가루를 넣어둔다. 캔이 단단해 사용하기에 좋다. p92의 조미료를 담아둔 병은 빈 소주병이다. 병 입구가 좁아 내용물을 따르기 쉽다.

왼쪽 위의 사진은 스승인 아베 나오 씨와의 공저 『제철을 즐기는 재료를 맛보다』. 나오 씨에게 이어받은 '냄비 속을 들여다보라'가 에다모토 씨의 좌우명이다. 진짜 요리는 큰 스푼 하나, 티스푼 얼마를 정해놓은 레시피로 완성되는 게 아니라 재료를 보면서 스스로 판단한다는 의미를 담고 있다. 나머지 사진들은 생산자가 직접 보내준 채소들이다. 농가에 도움을 주고 싶어서 활동 중인 '팀 무카고'에서도 판매하고 있다.

누구한테 고맙다는 말을 들으려고 무리할 필요는 없는 거죠."

무엇을 얻기보다 본연의 자신으로 사는 게 중요하다

에다모토 씨가 스승으로 생각하는, 저명한 요리연구가 故 아베 나오(阿部なを) 씨는 한 인터뷰에서 일 년에 한 번 혼자 온천에서 며칠씩 요양을 하는 이유를 이렇게 설명했다.

"충전하러 가느냐고 많이들 묻는데, 오히려 그 반대예요. 불필요한 것들을 버리러 갑니다."(〈사라이〉 1994년 8월호 인용)

그 기사를 읽는 순간 에다모토 씨는 감탄했다.

"저는 해외에 혼자 갈 일이 많은데, 말이 안 통하다 보니 정말로 혼자예요. 해외에 나가면 요리에 큰 공부가 된다고들 말하지만 그런 걸 기대할 수 없더군요. 그보다는 호텔을 찾아가는 데 필사적이 되고 이 버스를 타도 되나, 버스를 어떻게 갈아타야 하나, 또는 이 사람에게 속는 거 아닌가 온통 이런 생각뿐이에요.(웃음) 평소에는 요리가 직업이기 때문에 먹고 요리하는 것이 생활의 주지만 여행을 가면 다른 차원의 평범한 보통 인간이 되거든요. 무언가를 얻기 위한 여행이 아니라 본연의 나 자신으로 돌아간다는 것, 그게 기분 좋아요. 솔직히 말하면 애인과 함께 가는 여행이 더 좋고, 친구들과 함께 가는 여행도 서로 의지가 돼서 좋아요. 하지만 내가 여행을 가고 싶을 때 시간이 맞지 않으니 부득이 혼자 가게 되는 것뿐이에요. 혼자 가면 무척 외로운 반면 지나치게 자유로워요. 모든 걸 내 마음대로 해도 되니까요."

결과적으로 여행은 자신의 마음을 들여다보는 데 큰 도움이 된다. 하지만 처음부터 여행이 무언가에 도움이 될 거라는 기대를 하고 떠나지는 않는다. 애당초 그런 기대 자체가 없다.

 이야기를 계속 듣다 보니 에다모토 씨가 '삶의 기준'이라고 말한 의미를 알 수 있을 것 같았다. 살아 있고 먹을 수 있다는 것, 그것만으로도 인생은 의미가 있다. 하는 일에 특별한 뜻이 없어도, 인류에 도움이 되지 않아도, 여행지에서 아무것도 얻지 못한다 해도 자신을 책망하거나 비난할 필요가 없다. 자신도 모르는 사이에 남과 비교하면서 '조금 더, 조금 더!' 하고 몰아붙일 필요는 더더욱 없다.

 "실은 지금까지는 내 미래에 대해 그다지 많은 생각을 하지 않았어요. 하지만 이제는 지나치게 단순하게 돌진해온 내 자신을 돌아봐야 할 때인 것 같아요. 앞으로 나이가 들면 체력이 떨어지기 때문만은 아니에요. 설령 기력이 좀 떨어진다 해도 큰 문제가 되진 않아요. 하지만 내 인생이 어느 방향으로 갈지는 좀 생각해두어야 할 것 같아요. 인맥이나 돈, 경제 효율 문제가 아니라 내게 활기를 불어넣는 것이 무엇인지, 좋아하고, 동경하는 것이 무엇인지 그 방향을 알아두면 그게 곧 에너지가 되니까요. 이건 좋다, 아니다 머릿속으로만 판단하지 않고 구체적인 이미지로 그려보고 싶어요. 요리도 마찬가지예요. 상상할 수 없는 요리는 실제로 만들 수 없으니까요."

 그녀의 단순명료한 가치관 안에 담겨진 깊은 생각들이 오랫동안 마음을 울린다.

하루 일과표(촬영이 있는 날)	라이프 스토리
8:00 기상	**10대** 메이지대학교 문학부 영미문학과 입학 본가에서 독립해 친구 집에서 살다가 혼자 살기 시작
9:00 촬영 도우미 방문 청소와 요리 준비 촬영하는 날은 간을 보거나 시식을 하기 때문에 아침 식사를 하지 않는 날이 많다	**20대** 친구의 권유로 연극의 길로 입문 도쿄 국립 히피 공동체에서 생활 극단 '전형극장'의 연구생으로 들어가 극단원이 됨 다국적 레스토랑 〈카르마〉의 주방에서 일 시작
11:00 촬영 팀 도착 촬영 시작 요리 가짓수에 따라 걸리는 시간이 다르다 도중에 휴식을 취하고 모두 함께 시식	**30대** 여성 주간지의 요리 일 시작 국립 히피 공동체에서 탈퇴 극단 해체 본격적인 요리의 길로 나아감
17:00~18:00 촬영 종료 아버지의 병원으로 이동	**40대** 요리연구가 아베 나오 씨를 알게 됨 공저 『제철을 즐기는 재료를 맛보다』 출간 현재 아파트로 이사 '빅이슈 재팬'에 참여, 이사 역임 NHK 〈혼자서 할 수 있잖아! 어디서든 요리〉 출연
19:30 귀가 고양이 식사를 챙겨준 뒤 저녁 식사	**50대** 농업을 지원하는 〈팀 무카고〉 설립 동일본 대지진 피해자를 지원하는 〈니코마루 프로젝트〉 구상
21:00 다시 한 번 레시피 정리 독서 등 휴식	
26:00~27:00 취침	

Life 06

나이토 미에코

70대,
아들네 가족과 함께 살다

"나이들수록 즐거운 일에 눈을 돌려라.
변화를 어떻게 받아들일지는 자신의 몫이다."

나이토 미에코(内藤三重子)

1934년생. 조시미술단기대학(女子美術短期大学)을 졸업한 후 긴자산아이(銀座三愛)에 입사하여 기획의 재능을 펼쳤다. 1962년 도레이(Toray) 프로덕트 아이템 그룹의 일원이 되어 활약했다. 그 후 광고 대리점 다이코(大広) 근무를 거쳐, 결혼을 계기로 프리랜서 아티스트가 되었다. 라이프스타일에 관한 글과 일러스트가 여성들의 지지를 얻으며 인기를 끌었다. 1990년대부터 목공예 작품과 인형을 제작해 매년 개인전을 개최했으며 2009년에는 가마쿠라에 아틀리에 숍〈핸드앤솔 HAND & SOUL〉을 열었다. 저서로는『어머니의 지혜』『생활의 아이디어 수첩』『좋아하니까 손뜨개』등이 있다.

블로그〈HAND & SOUL〉handsoul.exblog.jp

도쿄예술대학 입시에 네 번 실패, 아르바이트로 입사
시험에 약하지만 현장에는 강했다

가마쿠라(鎌倉)역에서 제니아라이벤텐 신사로 가는 도중, 가파른 언덕길과 계단을 한참 올라간 절벽 위에 나이토 미에코 씨가 살고 있다.

"이 계단 덕분에 심장 수술을 한 뒤에도 몸 상태가 좋아요. 계단을 올라야만 집으로 돌아갈 수 있으니 저절로 운동이 되거든요. 덕분에 재활운동도 끊었어요."

장난기를 가득 담아 말하는 나이토 씨는 팔순이 훌쩍 넘었다. 결혼 후에도 아이를 키우면서 디자이너, 일러스트레이터, 수필 작가로 일을 계속하다가 현재는 목공예와 수공예 작품을 만들어 일 년에 한두 번 개인전을 열고 있다.

나이토 씨가 사회에 첫발을 디딘 것은 1959년, 현 일왕인 당시 아키히토(明仁) 왕세자의 결혼식이 있던 해다. 나이토 씨는 어패럴 회사인 산아이(三愛)에 디자이너로 입사했다.

"그 무렵 산아이 회사는 도쿄예술대학 출신만 뽑았어요. 저는 그 대학 입시에 네 번이나 떨어졌고 다른 대학을 졸업했기 때문에 아르바이트로 입사했지요. 하지만 처음 도전한 공모전에서 좋은 성적을 낸 덕분에 정식 사원이 되었어요. 운이 좋았죠."

철이 들 무렵에 전쟁이 터진 바람에 물자가 부족한 환경에서 성장기를 보냈다. 엄마의 수공예 재료를 장난감처럼 갖고 놀고, 입고 싶은 옷을 직접 바느질하면서 스스로 손을 움직여 호기심을 채웠던 경험은 실제로 일을 할 때 실력으로 발휘되었다. 왕실 사람들이 쓰던 모자를 서민들이 살 수 있는 소재로 디자인하여 크게 히트시킨 일이 좋은 예다. 일러스트레이터가 된

산아이에 들어간 지 얼마 안 되어 참가한 공모전의 손수건. 왕세자 결혼을 기념하는 경품이었기 때문에 테니스를 모티브로 하여 호평을 얻었다.(당시 왕세자비는 평민 출신으로 왕세자와 테니스 코트에서 만나 연애 끝에 결혼해 화제가 되었다.—옮긴이)

젊은 여성을 타깃으로 한 인테리어 잡지의 선구 격인 〈나의 방〉에서는 생활 아이디어를 적어 철할 수 있는 캘린더를 만들어 인기를 끌었다.

후에는 그림으로 표현하는 데 한계를 느낀 부분을 문자로 표현하면서 일러스트 에세이의 문체를 확립하는 발판이 되었다.

증축하면서 살아온 절벽 위의 마이홈

스물아홉 살 때, 산아이 시절부터 함께 일해온 가마다 도요시게와 결혼했다. 둘이서 살 셋집을 찾아다니던 어느 날, 부동산 업자가 "저 집이 지금 매물로 나와 있어요." 하고 무심히 손가락으로 가리킨 집이 지금까지 50년 가까이 살고 있는 '절벽 위의 집'이다. 가파른 언덕길과 계단으로 된 통로는 사람에 따라서는 악조건으로 느낄 법도 하지만 가마다 씨에게는 더없이 매력적으로 느껴졌다.

"주변이 온통 나무로 둘러싸여 있고 그 가운데 집이 떡하니 서 있었죠.

아래서 올려다본 느낌이 정말 좋았어요."

가마다 씨는 지난날을 회상하며 감회에 젖었다. 저금해둔 얼마간의 돈과 친척에게 빌린 돈, 그리고 은행에서 융자로 빌린 돈을 모아 예정에 없던 집을 구입했다.

원래 미군 장교를 위해 지어진 이 집은, 당시로서는 드물게 1층에 거실, 2층에 침실이 있는 방 한 개짜리 구조였다. 2~3년 동안 필사적으로 대출금을 갚은 후에는 조금씩 돈을 모을 수 있었고 이후 조금씩 침실을 늘리거나 부엌을 넓히고 일광욕실도 만들었다. 부모와 같이 살 때, 아이들이 성장할 때마다 생활의 변화에 맞춰 집도 조금씩 개조했다.

"가까운 곳에 솜씨가 뛰어난 목공이 있어서, 남편이 그린 도면을 건네면 그에 맞게 척척 만들어주곤 했답니다."

두 사람의 집이 따뜻한 분위기를 내는 것은 이렇게 손으로 고치고 다듬어온 역사가 있기 때문이 아닐까. 나이토 씨와 가마다 씨 둘 다 손님이 오는 것을 좋아해서 이 집에는 늘 놀러 오는 사람들의 발길이 끊이질 않는다.

"회사 동료나 테니스 친구들이 모여 자주 바비큐 파티를 열고, 요가 강사를 초빙해 요가를 배우기도 했어요. 아이들이 크고 나니 젊은이들이 모이게 되더군요. 며칠씩 묵고 가는 친구들도 있었고요."

그때 모인 젊은이들 중 두 사람은 나중에 나이토 씨의 두 아들과 결혼해 며느리가 되었다.

집 현관 문 바로 안쪽 공간에 작품을 진열했다. 디자인이 조잡했던 천장도 단골 목공이 깔끔하게 마무리해주었다.

식당 창의 위쪽에는 스테인드글래스를 끼워 넣어 밖에서 들어오는 은은한 빛을 만끽한다.

부엌은 40년 전에 개조한 그대로다. 손녀를 맡아 돌봐줄 때는 함께 요리를 하기도 한다.

널찍한 1층 거실은 항상 사람들로 넘쳐난다.
잡지 〈나의 방〉을 창간할 때는 편집자들이 이곳에 모여
기획회의를 하곤 했다.

스페인의 선술집에서 사용하는 둥근 식탁. 이 집에서 유일하게 신제품으로 구입한 가구다. 좁혀 앉으면 열 명은 족히 앉을 수 있다.

30대에 레일을 깔고 50세까지 풀가동하다

나이토 씨는 결혼해서 아이를 출산한 30대 초반에 전성기를 보냈다. 아이디어가 넘쳤던 그 시절은 자신의 인생에 '레일을 까는 시기'였다고 회고한다.

"수시로 드나드는 사람들의 시중을 들거나 아이들을 돌보는 것도 제 일이었어요. 그때의 경험을 에세이 소재로 쓰기도 했지요. 평균보다 수입이 많았던 덕분에 아이들을 어린이집에 보내지 않고 보모를 구했고요. 보모 월급이 어린이집 비용보다 더 비싸다고 남편에게 상의했더니, 그래도 괜찮으니까 일을 계속하라고 하더군요."

나이토 씨에게 남편은 가장 든든한 동지였다. 그 사실을 잘 보여주는 일화가 있다. 1967년에 일 때문에 뉴욕으로 건너간 가마다 씨는 당시 최고조였던 히피 운동에 충격을 받았고 곧 국제전화를 걸어 아내인 나이토 씨를 불러들였다. 나이토 씨는 한 살밖에 되지 않은 아들을 어머니에게 맡기고 바다를 건넜다. 부부는 그렇게 두 달을 뉴욕에서 보냈다. 당시의 일을 가마다 씨는 이렇게 회상한다.

"그 무렵의 뉴욕은 마치 신세계 같았어요. 무척 흥미로웠기 때문에 아내와 함께 보고 싶었죠. 그녀는 새로운 것을 보면 또 무언가를 발견하고 표현해내니까요."

배려심 깊은 반려자의 지원을 받으면서 나이토 씨는 30대 후반에서 40대에 자신이 깔아놓은 레일 위를 전력으로 달렸다. 잡지 〈나의 방〉의 간판 일러스트레이터 중 한 명이 되었고 저서도 여럿 출간했다.

"쉰 살까지는 그야말로 풀가동했어요. 하지만 쉰 살을 넘어서자 역시 좀, 그렇더군요."

나이토 씨는 말을 잠시 멈췄다. 그 당시 일본은 거품 경제기였다. 고속 성장하는 시대와 함께 최고의 성장기를 구가해온 나이토 씨가 보기에도 세상의 소비 속도가 지나치게 빨랐다.

그때까지는 뜨개질이나 패치워크로 다양한 작품을 즐겨 만들었지만 50대 중반부터는 목공 작품을 시작해 가구공예라는 새로운 분야에 몰두했다.

"젊었을 때는 새로운 정보를 무조건 받아들였지만 경험이 쌓이다 보니 조금씩 바뀌더군요. 그림을 그리는 것이나 옷을 짓는 일, 가구를 만드는 일도 모두 저 자신을 드러내기 위한 작업이라는 점에서 뿌리는 같아요. 단지 손에 쥔 작업 도구가 다를 뿐이죠."

자상한 남편 가마다 씨는 1936년생. 광고 디렉터와 나가오카(長岡) 조형대학 학장을 거쳐 조형작가로 활동했다. "제가 누나이자 아내예요." 나이토 씨가 말한다.

어떤 환경에서도 즐거움을 찾아내다

환갑을 맞이할 무렵부터 나이토 씨의 생활에는 여러 번 변화가 찾아왔다.

가마다 씨가 디자인 일을 그만두고 니가타(新潟)에 있는 대학의 교수로 가게 되었다. 처음에는 남편 혼자 니가타에 가서 살았지만, 남자 혼자 제대로 먹고 사는지 걱정이 되어 몇 번 찾아가면서 나이토 씨도 점점 니가타에서 지내는 시간이 길어졌다.

"니가타는 모든 것이 흥미로웠어요. 자연도 아름답고 자동차로 가는 쇼핑도 즐겁고 음식도 맛있었거든요."

처음에 살던 좁은 다세대 주택의 약 세 평짜리 단칸방에는 하루가 멀다 하고 학생들이 모여들었다.

"부엌이 말할 수 없이 비좁았어요. 하지만 그곳에 의자를 놓고 앉아 뜨개질을 하면서 학생들이 앉아 있는 탁자를 엿보곤 음식이 다 떨어졌다 싶으면 요리를 해서 내곤 했어요. 환경은 열악했지만 뭐든지 즐겁게 할 수 있던 시절이었죠."

니가타의 해안에 굵은 유목이 밀어닥치는 광경은, 가나가와 현의 쇼난(湘南) 해안에서는 좀처럼 보기 힘든 근사한 장면이었다. 물에 떠 내려온 나무를 주워 모아 작품의 재료로 사용했다.

니가타에서 8년을 지낸 후에는 한국에서 6개월, 또다시 니가타에서 4년을 살았다. 나이토 씨가 일흔세 살, 가마다 씨가 일흔한 살 때 임기를 마치고 가마쿠라로 돌아왔다. 그리고 이번에는 큰아들네 가족과 함께 살게 됐다.

"남은 인생을 둘이서 어떻게 보낼까 고민하다가 그동안 고향집을 지키며 살던 큰아들 가족과 같이 살기로 했어요. 집이 좁아서 하나부터 열까지

지게차의 단재(端材, 재료를 모양대로 자른 후 생기는 여분의 조각-옮긴이)를 재활용해서 만든 전기 스탠드. 가마다 씨의 작품이다.

고풍스러운 기모노의 자투리를 이용해 만든 히나닌교 (雛人形. 매년 3월 3일에 여자아이의 건강한 성장을 기원하는 의미로 붉은 천을 깐 단상 위에 장식하는 전통 인형-옮긴이). 손녀에게 선물로 준 이래 나이토 씨의 대표작이 되었다.

함께 해야 했죠. 집안의 대소사를 전부 아들 내외에게 맡기고 한갓지게 지낼 수 있겠거니 기대했는데, 현실은 그게 아니더군요."하고 가마다 씨는 웃었다.

이즈음 생활 방식이 완전히 달라진 탓에 오랫동안 금슬 좋게 지내던 부부 사이에도 틈이 벌어지기 시작했다.

"그도 그럴 것이, 지금까지 낮 시간은 따로 생활해왔잖아요. 그런데 갑자기 함께 있는 시간이 늘어나니까 처음에는 불편하더라고요. 자칫하면 싸움으로 번질 뻔한 아슬아슬한 순간도 많았어요. 남편이 많이 참아줘서 다행

이긴 했지만요. 그이는 요리에 관심이 많아서 제가 일일이 곁에서 보살펴줄 필요가 없었어요. 하지만 제게도 40년간 집안일을 관리해온 경력이 있는데 그것을 전혀 인정해주지 않더라고요. '이건 이렇게 하는 거예요.'라고 말해줘도 소용없고 정원 청소든 뭐든 자신이 하고 싶은 방법대로 해버리는 거예요. 그래서 그땐 상당히 스트레스를 받았죠. 하지만 이제는 어느 정도 익숙해졌답니다. 어느 집이나 마찬가지 아닐까요. 남편의 정년이 닥치면 누구나 겪는 과정이니까요. 아들네와 함께 사는 것도 그렇고, 어떻게 받아들이느냐는 모두 자신의 몫이겠지요. 될 수 있는 한 좋은 쪽으로 생각하려고 애써요."

물론 사랑스러운 손주들과 함께 사는 대가족의 즐거움이 크다. 하지만 처음 마음속에 그렸던 인생 설계와는 상당히 달라져 있었다. 일곱 명의 가족이 함께 살기에는 비좁고 따로 분리된 공간이 없다 보니 주요 공간을 함께 사용하고 있지만, 현실을 받아들이고 가능한 한 매일 즐겁게 지내자고 마음가짐을 바꿨다. "음식을 만들어 같이 먹는 것이야말로 살아가는 데 기본이니까요." 하며 나이토 씨는 부엌에 선다. 서로의 삶을 침해하지 않기 위해 부부를 위한 어떤 원칙도 정해두지 않았다. 상황에 따라 식사는 따로 하기도 하고 상대방의 생활 리듬을 배려하면서 살고 있다.

무리하지 않고 시작한 새로운 일

매일 즐겁게 생활하고 끊임없이 앞을 향해 나아가는 사람에게는 뜻밖의 행운도 찾아오게 마련인 걸까. 나이토 씨는 오래전부터 가게를 하고 싶어했다. 하지만 장사를 잘할 성격이 아닌 데다 가게 임대료를 내고 생계까지 꾸리기엔 역부족이라는 이유로 남편의 반대가 심했다. 그런데 어느 날

친구가 사용하지 않는 통나무집을 공짜로 주겠다며 나섰다. 친구에게 받은 통나무집을 집 주차장에 세우면 가게 임대료를 낼 필요도 없고 준비 자금도 그리 많이 들지 않을 터였다. 나이토 씨에게는 더할 나위 없는 기회였다.

"그렇다면 한번 시작해볼까 하고 아틀리에 숍을 열었는데 생각보다 훨씬 즐겁더라고요. 어차피 떼돈을 벌지는 못하지만요.(웃음) 뭐, 이걸로 먹고살려고 하는 건 아니니까 손해만 보지 않으면 된다는 생각으로 하고 있어요."

절벽 아래에 있는 통나무 가게를 여는 날은 금, 토, 일 사흘뿐이다. 다른 날은 작품을 만드는 데 몰두한다. 종종 두 사람의 개인전을 열기도 하지만 이렇게 가까운 곳에서 자신들이 만든 작품을 보여줄 수 있다는 사실은 생각보다 큰 행복을 안겨주었다. 게다가 다양한 사람들이 찾아와주니 전에 없던 활력까지 생겨 삶이 훨씬 만족스러워졌다.

가게 이름은 〈핸드앤솔 HAND&SOUL〉이다. 나이토 씨가 좋아하는 '신이 손과 마음을 내주었다'는 말에서 착안했다.

핸드앤솔 HAND&SOUL
가나가와 현 가마쿠라 시 사스케2-15-12
(神奈川県鎌倉市佐助2-15-12)
☎ 0467-23-0530

하루 일과표		라이프 스토리
7:00 기상. 신문을 읽는다	20대	조시미술단기대학 졸업. 산아이 홍보부 입사 도레이 프로덕트 아이템 그룹의 일원으로 잡지 〈후쿠소服裝〉에서 일러스트와 에세이 담당 전직. 광고대리점 '다이코(Daiko Advertising Inc.)' 입사 결혼
8:00 손주들이 나간 뒤에 아침 식사 작품 만들기 또는 정원 돌보기 등		
12:00 점심 식사 작품 만들기 저녁에는 장보러 나가거나 반드시 산책하려고 노력한다	30대	장남 출산 뉴욕에서 2개월 지냄 차남 출산 잡지 〈나의 방〉 창간. 일러스트와 에세이 연재
	40대	저서 『어머니의 지혜』 출간 저서 『생활 아이디어 수첩』 출간 저서 『혼자 살기 아이디어 수첩』 출간
18:30 저녁 식사 준비 식사 큰아들네와 함께 살기 시작했을 때는 다 같이 모여 식사를 했지만 최근에는 손주들의 귀가 시간이 늦어져 부부만 먼저 식사를 한다	50대	저서 『좋아하니까 손뜨개』 출간 목공예 작품을 만들기 시작 화가인 고 나가이 히로시(永井宏) 선생의 권유로 하야마(葉山) 〈선라이트 갤러리〉에서 개인전 개최
	60대	니가타로 이동 한국에서 6개월 동안 지냄
23:00 취침	70대	다시 니가타로 돌아옴 가마쿠라로 돌아와 큰아들네 가족과 함께 살기 시작 아틀리에 숍 〈핸드앤솔〉 오픈

Part 02

홀가분한
삶의
실천편

살다 보니 여러 가지 일을 벌이기도 하고

많은 것을 버리지 못한 채 헛되이 보내기도 하며

수많은 실패를 거쳐 내가 원하는 삶에 가까워지기도 한다.

온통 내가 좋아하는 것에 둘러싸여 살 수 있다면

얼마나 좋을까마는 인생은 꼭 그렇지가 않다.

인생이 어느 날 갑자기 나다운 삶을 선물해주지는 않는다.

나 스스로 그것을 만들어가는 것 외에 다른 방법은 없다.

인생의 후반기를 더욱 나답게 살기 위해

우선 내가 갖고 있는 물건이나 생활과

어떻게 교감을 나누어야 하는지, 작은 예를 소개한다.

1. 기쁘게 소유하라

애착이 가는 물건은 생활을 더 풍요롭게 하고, 손에 넣었을 때의 설렘은 일상에 활력을 불어넣는다. 따라서 일단 소유하기로 마음먹은 물건이라면 꾸준히 사용하면서 마음껏 즐겨라. 또 사용하지는 않지만 꼭 소유하고 싶은 물건이 있다면 특별한 물건으로 소중히 보관하라.

2. 기분 좋게 줄여라

갖고 있는 물건을 제대로 활용하려면 우선 양이 적어야 한다. 나이 들어가면서 불필요한 물건에 둘러싸인 채 그것을 관리하면서 늙는 것만큼 보기 흉한 게 없다. 그런 일상에서 벗어나려면 '자신이 파악할 수 있는 양'을 정해야 한다. 한번 늘어난 물건을 줄이려면 많은 어려움이 따른다.

3. 죽음을 생각하라

가족이나 사랑하는 사람이 저세상으로 떠난다면 어떻게 배웅할 것인가. 또 나의 죽음은 어떻게 맞이할 것인가. 아주 먼 미래의 일 같지만 죽음이 언제 어디서 우리의 삶에 들이닥칠지 아무도 모른다. 차분히 준비해둬서 나쁠 건 없다. 장례식, 유품 정리, 남길 것과 버릴 것, 생전의 삶 정리 등을 진지하게 생각해보자.

1. 기쁘게 소유하라

물건을 사는 것이 꼭 나쁜 것만은 아니다. 무의식중에 마음이 끌려 산 물건이나 세월이 지나도 버릴 수 없는 추억의 물건은 나다운 생활을 가꿔주는 소중한 동반자다.

나란히 걸어둔다

옷장에 넣어두면 자리를 많이 차지하고 어지러워지는 모자는 벽에 나란히 걸어두면 운치 있는 인테리어로도 손색이 없다. 크기가 비슷한 가방이나 부엌 도구에도 응용할 수 있는 방법이다.(오쿠보 씨)

방 상단에 직접 책장을 조립해 달았다. 보이는 곳에 책을 꽂아둘 때는 높이를 맞춰 가지런하게 진열하거나 시리즈별로 모아놓으면 깔끔하다. (오쿠보 씨)

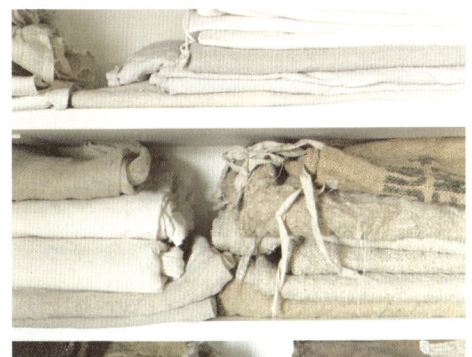

오랫동안 모은 낡은 옷감은 한 점 한 점이 작품의 재료이며 장인 정신이 깃든 작품 이미지를 잘 드러내준다. 색상과 소재별로 모아서 정리하면 질감이 돋보인다. (야마나카 씨)

크기가 작은 재료들은 빈 병에 보관하면 깔끔하고 쓰기도 편하다. 목공예 작업장 선반에 바닷가에서 주운 돌이나 바다유리를 병에 담아 나란히 장식했다. (나이토 씨, 가마다 씨)

작업장의 도구 수납 예. 병 음료를 넣는 나무 상자의 칸막이를 활용해 나무 망치와 쇠 망치를 걸어놓았다. 넣고 꺼내기 쉬우며 발상이 독특하다. (나이토 씨, 가마다 씨)

왼쪽 가운데 끝에 있는 계량컵은 달걀을 삶을 때나 우유를 데울 때 유용한 40년 경력의 재주꾼이다. 요시모토 씨의 애용품과 오래 사용한 어머니의 도구가 섞여 생활 모습을 잘 드러낸다. (요시모토 씨)

내게
맞는
사용법

해외 벼룩시장에서 산 비누그릇과 일본에서 산 물빠짐통의 크기가 우연히도 딱 맞아 두 개를 포개어 부엌에서 스펀지 받침대로 쓰고 있다. (야마자키 씨)

세면대에 준비해놓은 손님용 수건은 무명천을 잘라 만들었다. 깨끗이 빨면 거듭 쓸 수 있어 일회용 종이타월보다 친환경적이다. 골동품상에서 산 톱니바퀴를 누름돌로 사용한다. (야마나카 씨)

골동품 박람회에서 찾아낸 값싼 법랑에 각종 작은 양념통을 넣어 깔끔하게 정리했다. 특별한 목적 없이 사두었던 물건인데 훗날 알맞은 용도를 발견하면 조금 우쭐해진다! (야마자키 씨)

오래된 유리의 질감에 끌려 무심결에 산 병. 수납에 사용할 수 있어 실용도가 높다. 큰 병은 송사리 어항으로 사용하고 작은 병에는 나무 소재의 커트러리를 대충 넣어두었다.(야마나카 씨)

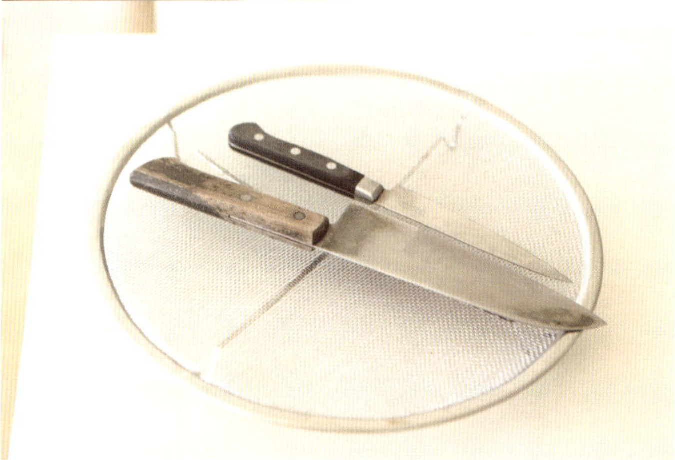

다른 용도로 사용하려고 100엔 숍에서 산 튀김망은 크기가 맞지 않아 처치 곤란이었지만, 부엌칼을 말리는 데 딱 좋다. 조금 싸구려 같은 질감이 오히려 매력.(야마나카 씨)

부엌에 식기건조대를 두지 않고 타월을 깔아 물기를 뺀다. 생활용품점 무인양품에서 구입한 '재활용 타월'은 가로로 잘라도 올이 풀리지 않아 걸레로 재활용하기에 안성맞춤이다. (야마나카 씨)

장식하다

원래 일본식 구조였던 방을 리모델링하면서 상인방(上引枋, 창이나 문 등 구조물의 상부에 가로놓여 벽을 받쳐주는 나무나 돌―옮긴이) 부분에 판을 끼워 장식 선반을 만들었다. 좋아하는 아티스트의 책과 카드를 진열했다. (야마나카 씨)

해외여행을 가도 기념품은 사지 않는다. 대신 돌을 주워 오기도 하고, 주운 잎이나 우표 등 추억의 조각을 모아 콜라주를 만들어 액자에 넣어 장식한다. (나이토 씨, 가마다 씨)

가마다 씨의 방 벽에는 아이가 어릴 때 입던 반바지가 걸려 있다. 마음에 쏙 들어서 서랍 속에 넣지 않고 보이는 곳에 진열했다. (나이토 씨, 가마다 씨)

놓아두다

고양이를 좋아해서 고양이 장식품에는 무조건 마음이 끌린다. 현관 신발장 위에는 행운을 상징하는 장식물 '마네키네코'를 두 개 올려놓았다. 왼손은 사람 또는 손님을, 오른손은 재물을 불러들인다고 한다. (요시모토 씨)

가고시마(鹿兒島)에서 찾아낸 행복의 수호신 오뚝이 '옷노콘보'는 하나하나 표정이 미묘하게 다르다. 부엌 싱크대 창가에 두고 가정의 행복을 지켜주기를 기원한다. (야마자키 씨)

20년쯤 전 홍콩의 길거리에서 만난 고양이는, 뭐라고 표현하기 어려운 표정이 마음에 들어 데리고 왔다. 거실 선반 위에 자리 잡고 있다. (요시모토 씨)

모으다

이번에 취재한 여성들 중에는 유독 돌을 좋아하는 사람이 많았다. 요시모토 씨가 끌린 것은 매끄러운 돌멩이의 귀여움과 조용함. 작은 돌을 나무 상자에 넣어 손님방에 장식해놓았다. (요시모토 씨)

에다모토 씨는 돌 중에서도 '층을 이룬' 돌을 좋아한다. 뉴멕시코에서 용암을, 네팔에서 운모를, 구마모토(熊本)현 아마쿠사(天草)에서 벼룻돌 등을 사거나 주워와 장식했다. (에다모토 씨)

꽃보다는 녹색 식물을 좋아한다. 모종 상자에 작은 선인장을 모아 키우고 있다. (야마나카 씨)

가이카도(開化堂, 1875년 창업한 전통 수제 차통을 만드는 가게)의 수제 차통(뒤쪽 세 개)은 20년 넘게 사용하는 동안 처음 샀을 때는 느끼지 못했던 멋이 우러나와 점점 마음에 든다. 앞쪽의 검은 통은 남편이 골동품상에서 산 것. (야마자키 씨)

가능한 한 적게 소유하려고 애는 쓰지만 조금씩 모으고 있는 물건 중 하나가 냄비 손잡이를 쥐는 장갑이다. 선물 받은 것, 직접 짠 것, 그리고 하라주쿠의 〈Zakka〉에서 구입한 것 등이 구비되어 있다. (야마자키 씨)

오래된 우표를 모으는 것이 취미다. 시어머니에게 받은 우표첩에 보관하고 있다. 편지를 쓰고 받는 것을 좋아해서 종종 모아둔 우표를 붙여 사용하기도 한다. (야마자키 씨)

2. 기분 좋게 줄여라

소유한 물건을 줄이면 관리하기가 수월하다! 적은 물건만으로도 불편 없이 살아가는 능력을 익히고, 내게 맞는 '줄이는 방법'을 찾아보자.

정리의 첫걸음은 '파악하기'

내게 꼭 필요한 물건을 가려내기란 생각보다 쉽지 않다.

요시모토 유미 씨의 경우 40대에 스타일리스트를 그만두면서 화려한 수입 가구부터 식기, 잡화까지 좋아서 모은 물건의 절반 이상을 줄였다. 60대에 고향으로 돌아갈 때는 오랫동안 애용해온 물건들까지 미련 없이 버렸다. 하지만 이사를 도와준 친구들의 설득에 따라 책과 비디오, 레코드 등 '추억이 깃든 물건'은 버리지 않고 먼 길을 옮겨왔다. 최근에 그렇게 가져온 책과 음악, 그리고 영화를 즐길 시간 여유가 생기면서 버리지 않기를 잘했다는 생각이 든다.

정말 좋아하고 쉽게 구하기 힘든, 그래서 그 물건 때문에 행복해질 것 같은 물건에는 '사용하지 않은 물건은 과감히 처분하라'는 세간의 정리법이 딱 들어맞지 않는다. 물건을 정리하는 데 서툰 사람에게는 도움이 되는 말이지만, 자신의 특성을 제대로 알지 못한 채 무조건 행동에 옮기면 생활에 중요한 멋이 빠지기도 한다. 또 소유해야 할 물건의 적정량은 사람마다 다르다. 어떤 물건을 남겨둘지, 그리고 어느 정도를 줄여야 홀가분하다고 느낄지는 스스로 결정하면 된다. 스스로 부담을 느끼지 않을 정도가 좋다.

하지만 무언가를 시작하려고 하면 미적미적하며 행동으로 옮기지 못하거나 물건을 찾을 때마다 '정리가 안 돼' 하는 생각이 든다면 분명히 용량이 초과되었다는 뜻이다. 갖고 있는 물건이 마음에 부담을 주고 행동에 방해가 된다면 홀가분한 삶으로 가는 길은 멀다. '기쁜 마음으로 소유하기'를 실천하기 위해서라도 과감하게 물건을 줄여야 한다.

이때 가장 중요한 것은 '물건을 파악'하는 일이다. 물건의 양이 너무 많거나, 보이지 않는 곳에 보관해둔다거나, 비슷한 용도의 물건이 여기저기 흩어져 있으면 내가 어떤 물건을 얼마나 갖고 있는지 파악하기가 어렵다. 이럴 때는 일단 물건을 모조리 밖으로 꺼내 종류별로 정리하고 무엇을 얼만큼 가지고 있는지 확인하는 게 좋다. '쉽게 꺼내 쓸 수 있고 한눈에 볼 수 있는 상태'까지 줄인다면 금상첨화다.

추억은 보물 상자로 집결!

나이토 씨와 가마다 씨 집 거실 구석에 놓인 크고 낡은 상자는 뉴욕 여행 때 현지에서 구입한 포장용 트렁크다. 안에는 비틀스 콘서트 티켓의 관객 보관분, 잡지 〈TIME〉, 쇼핑백, 여러 가게의 성냥, 아들의 그림 등으로 가득 차 있다. "아이들은 저마다 보물 상자를 갖고 있잖아요? 열면 유리구슬 같은 게 잔뜩 들어 있는 거. 이 상자도 바로 그런 거예요." 가마다 씨가 웃으며 말한다. 추억의 트렁크에 들어 있는 물건들은 소중한 '잡동사니' 중 하나다.

가족 사진, 아이들의 작품, 편지, 일기 등 추억이 담긴 물건은 '무엇을 위해, 왜 갖고 있는가' '언제 볼 것인가' '누구에게 남길까'를 분명히 해 정리한다. 그게 정해진 후 '장남에게 줄 앨범' '60세까지 보관할 일기' 등 라벨을 붙여두면 한눈에 파악할 수 있어 좋다. 만약 지금 당장 줄일 수 없다면 일단 몇 개로 정리하여 언제든지 꺼내 볼 수 있는 상태로 해놓기만 해도 마음이 한결 편안해진다.

없어도 괜찮은 경험을 쌓을 것

사람의 마음은 경험에 좌우된다. 어떤 물건을 처분한 후에 '그냥 가지고 있을 걸!' 하고 후회한 경험이 있으면 그 다음 처분할 때는 '언젠가 쓸모가 있을지 몰라' 하며 망설여질 것이다. 반대로, 없으면 없는 대로 아무 문제가 없었다거나 그런대로 괜찮았던 경험이 있는 사람은 거리낌 없이 물건을 줄일 수 있다. 그래서 어떤 경험을 했는지가 중요하다.

방법은 사소한 물건부터 줄여서 '없어도 괜찮았던 경험'을 쌓아가는 것이다. 또 처분한 물건이 없어져 곤란한 상황에서도 대체할 수 있는 요령을 몸에 익히면 된다. 의식적으로 '적은 물건으로 변통해서 쓰는 생활'에 익숙해지자. 그렇게 하다 보면 어떤 물건이 없어져도 대처할 수 있는 요령이 생긴다.

나는 어떤 물건을 사면 나중에 수리가 필요하거나 부품을 구입할 경우를 대비해 사용설명서까지 보관하는 성격이다. 하지만 막상 부품을 새로 사서 바꾸게 되면 잘 보관해둔 사용설명서를 찾는 것보다 인터넷을 검색하는 편이 빠르다는 사실을 최근에 깨달았다.

또 무쇠냄비에 밥을 지어 버릇했더니 전기에 의존하던 습관을 끊은 것

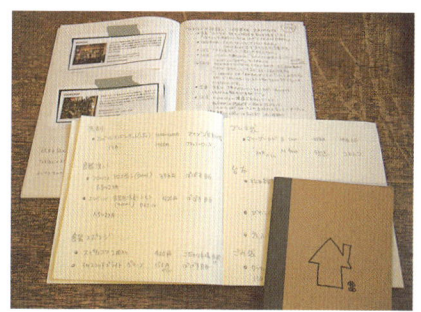

메모 정리법

좋아하는 인테리어 사진이나 상점 정보, 읽은 책의 감상, 인상에 남는 글귀, 신경 쓰이는 일 등을 수시로 기록해두면 자신의 관심사를 한눈에 파악할 수 있다. 시간을 정해 이 기록을 정리하다 보면 집의 크기와 가구 위치 등을 재보기도 하고 머리에 떠오른 아이디어를 구체화할 수 있어 즐겁다. 소모품은 목록으로 만들어두고, 구입할 수 있는 상점이나 구입 예정 시기를 적어서 파악한다. 다른 사람에게 사다 달라고 부탁할 때도 유용하다.

같아 뿌듯하다. 하루도 거르지 않고 매일 사용하는 부엌은 '파악도'가 높고, 설령 조미료나 식재료, 조리도구가 조금 부족하다 해도 그저 한 끼 먹는 데 약간 아쉬울 정도라고 생각했더니 '물건 줄이기'에 도전하기가 한결 수월했다. 나이가 더 들면 장보기가 불편해질지도 모르는데, 이렇게 지금부터 적은 양으로 생활을 꾸려나가는 노하우를 익히고 싶다.

버리기 아깝거나 정리가 귀찮다면

'아깝다'와 '귀찮다'는 생각은 정리를 가로막는 주범이다. 또 애써서 줄이려고 노력해도 적당한 처리 방법이 떠오르지 않으면 실행에 옮기기 어렵다. 귀찮다는 즉흥적인 감정에 젖은 나머지 처분 후 얻을 수 있는 여유를 포기하지 않도록, 적당한 대처 방법을 찾아보길 권한다.

작심하고 물건을 살펴보려면 '아깝다'는 감정부터 버려야 한다. 관리하기 힘들 정도로 물건을 늘리고 있는 자신의 상태를 깨닫고 홀가분한 삶으로 바꾸어가겠다는 마음가짐이 중요하다. 이런 사실을 자각하지 못하면 공연히 지인들에게 남는 물건을 주면서 죄책감을 속이거나 본전을 건지려고 중고로 내다 팔고 싶은 욕심이 생기는 등 자기 본위로 생각하기 십상이다.

일단 물건에 대한 미련을 버리고 '기분 좋게 줄이기'를 목표로 하자. 계속 소유할 물건을 고를 때는 각자의 주관이 중요하지만 처분할 방법을 결정할 때는 객관적으로 살펴보고 알맞은 곳을 찾아내야 한다.(손상된 물건은 책임지고 버려야 한다는 것이 전제 조건이다.)

책이 많다면 책의 성향에 맞는 고서점이나 중고서점에 갖다주는 것이 좋다. 어쩌면 그 책을 간절히 찾고 있던 이에게 큰 기쁨을 줄 수도 있다. 딱히 버리기에 마땅한 장소가 떠오르지 않는 물건은 기부를 하는 것이 가장 무난하다. 설령 약간의 배송비를 부담하더라도 누군가 유용하게 쓸 수 있다면 그 정도 지출은 오히려 아름답다.

요즘은 지역마다 벼룩시장이 활성화되어 있어 이용하는 사람들이 많다. 개중에는 직접 집에서 창고 세일을 하는 사람도 있다. 이 경우 판매처까지 운반하는 노력을 들이지 않아도 되고, 물건을 필요로 하는 사람의 손에 직접 전달될 수 있어 장점이 많다. 반면 방문객을 위해 찾아오는 길을 알려준다거나 주차 문제에 신경을 쓰는 등의 배려가 필요하다. 뜻이 맞는 몇몇 친구들이 모여 공동 벼룩시장을 여는 것도 좋은 방법이다.

한편 '귀찮다'는 생각으로 자꾸만 미루는 성격이라면 전문가의 힘을 빌리는 것을 추천한다. 요즘은 정리 수납 전문가들이 워낙 많아 그분들의 섬세한 도움을 받을 수 있다. 나의 경우 가구류는 근처 재활용센터로 넘기고, 쓸 만한 소비재는 온라인 중고장터에 내놓거나 아까운 물건은 지인들에게 나눠주기도 한다. 그렇게 했더니 쓸 만한 물건을 버리지 않게 되어 죄책감이 생기지 않는다. 마땅히 버릴 곳이 없다면 재활용센터에 무료로 가져가라고 하면 한꺼번에 수거해 가고 다시 고쳐 재활용될 가능성도 높다.

Column

거주 12년째의
정리 기록

'이제 버릴 수 있다!'

마흔 살을 갓 넘길 무렵, 문득 이런 생각이 들었다.

돌아보면 30대는 결혼, 출산, 내 집 마련 등의 대사가 줄줄이 생기면서 새로운 세상을 만나던 시기였다. 집안일이나 육아, 가계 관리도 낯설었기 때문에 그저 '해내는' 데 온 정신을 쏟아야 했다. 아이가 태어나고 자라면서는 눈코 뜰 새 없이 바빴고, 생활도 그에 맞춰 크게 달라졌다. 필요한 것과 불필요한 것을 구분할 틈도 없이 그때그때의 상황에 맞춰 살아야 했고 온갖 물건들이 쏟아져나와 질서와는 거리가 먼 생활이었다. 어질러진 생활처럼 다른 일들도 순조롭게 흘러가지만은 않았다.

하지만 10년 이상 경험이 쌓인 지금은 버릴 물건을 단박에 골라내 미련 없이 버릴 수 있게 됐다. 정신없었던 육아 기간이 일단락된 것도 생활을 돌아볼 수 있는 좋은 계기가 됐다.

나는 방 두 개짜리 아파트에 남편과 두 아들, 이렇게 네 식구가 산다. 나의 작업실은 거실 한쪽 구석을 책장으로 막은 공간이다. 이 책장이 뒤죽박죽 엉망이라 같은 책을 두 번 사기도 하고 필요할 때 바로 찾기 어려워서 책장부터 정리하기 시작했다. 책과 잡지를 세 박스 정도 처분하고 남은 책

수납에 서툰 사람의 비법! 서랍 하나에 한 종류씩

(왼쪽) 가족의 보험증이나 약 기록 수첩, 상비약을 넣어두었다. 라벨까지 붙여놓으면 물건을 꺼낼 때 헷갈리지 않는다.
(오른쪽) 이렇게 해두면 여닫기 한 번으로 원하는 물건을 넣고 꺼낼 수 있다. 안에 있는 물건도 비치지 않아 깔끔하다.

추억도 정리하기에 좋은 타이밍이 있다

(왼쪽) 아이들의 작품은 보관을 하자니 끝이 없는 데다 자라고 나서는 의미도 퇴색된다는 사실을 깨닫고 나서는 마음에 드는 몇 개만 남겨두었다.
(오른쪽) 아이들과 함께 오랫동안 미루어두었던 앨범을 정리했더니 손쉽고 간단하게 끝낼 수 있었다.

부엌은 변화에 대응할 수 있도록

(왼쪽) 예전에 홈 베이커리가 있던 장소를 정리하고 음료수 냉각기를 놓았다. 조립식 선반 진열대는 그때그때 용도에 맞춰 다시 짤 수 있어 유용하다. 바구니를 사용해 '한 군데에 한 가지 종류'를 넣는 서랍 수납 식으로 정리했다.
(오른쪽) 예전에는 식기세척기를 사용했지만 설거지할 여유가 생긴 후로 과감하게 없애버렸다. 그 공간을 활용하고 싶어서 접거나 걸 수 있는 물빠짐통을 사용하고 있다.

은 종류별로 모아 진열했더니 어지럽던 책들이 한눈에 들어오고 머릿속까지 맑아진 기분이었다. 내친 김에 책상 위치까지 바꿨더니 창에서 들어오는 햇살이 마침 책상을 비춰 훨씬 안정된 분위기로 바꾸었다. 이것이야말로 정리의 묘미다.

본래 정리정돈을 잘하지 못했던 내가 정리와 수납에 관심을 가지게 된 계기는 세로로 놓았던 물건을 방향만 바꾸어도 금세 사용하기에 편리해진 경험을 하고부터다. 작은 발견이 주는 흥분과 쾌적함을 알고 나니 정리 수납이 즐겁고 자꾸 하고 싶어졌다.

어느 정도 정리하는 요령이 생겼다고 느껴질 때쯤 옷장을 정리하기 시작

책은 종류별로 정리해 파악하기 쉽게

나의 경우 책 정리는 행동 습관을 고려해 구역을 정했다. 1. 아직 읽지 않은 책은 제목이 보이게끔 진열한다. 2. 지금 읽고 있는 책은 오른쪽 나무 상자 안에 넣어두고 외출하거나 이동 중에 읽을 책을 고른다. 왼쪽 바구니 안에는 크기가 작은 인쇄물을 담았다. 일할 때 참고해야 하므로 한군데에 모아둔다. 3. 요리책을 모아두고 메뉴를 결정할 때 앞에 앉아서 대강 훑어본다. 4. 손뜨개, 인테리어, 사진에 관한 책들은 실용서 중에서도 특별 취급한다. 5. 잡지는 신간을 앞쪽에 꽂아두고 보관용은 다른 장소에 둔다.

했다. 지금까지 몇 번 정리하고 뒤섞는 과정을 반복해왔기 때문에 웬만큼 옷의 양과 착용 빈도를 파악하고 있었고 옷을 보관하는 '습관'도 잘 알고 있었다. 나처럼 정리에 서툰 사람이 수납 때문에 기죽지 않으려면 '내 행동 패턴에 맞추는' 것이 중요하다. 나의 경우 옷을 접기 귀찮아 나중으로 미루거나 한 번 입고 빨지 않은 옷을 대충 걸어두는 행동이 옷장을 어지럽히는 원인이었다. 그래서 걸어두는 공간을 확보하기 위해 '아주 좋아하지는 않지만 편해서 입었던 옷'을 죄다 처분했다. 또 옷장 안에 있던, 사용하기 불편하지만 '아까워서' 보관해둔 컬러 박스를 내다버렸다. 그렇게 비운 공간에는 바닥에 놓을 수 있는 작은 수납장을 넣었다.

　나의 옷 입는 스타일이나 행동 패턴을 고려해 '같은 종류끼리 모아두는' 방식으로 보관 장소를 결정하니 옷 전체를 볼 수 있고 또 꺼내기도 훨씬 편하게 정리되었다. 이후 옷을 고르는 일이 한결 즐거워졌고 이 산뜻한 기분을 망치고 싶지 않아서 세일 기간이라도 무턱대고 옷을 사지 않는다.

　이때부터 가속이 붙어 아이들 방, 욕실, 베란다, 부엌을 차례로 정리했다. 잠시 방심하면 금세 다시 어지럽혀지지만 곧바로 되돌릴 수 있는 정도니 한결 수월하다. 이런 상태로 계속 유지한다면 앞으로 십수 년 후 아이들이 독립할 때쯤에는 정리의 달인이 되어 있을지도 모르겠다.

옷장은 '평소 습관'에 맞춰 수납한다

1. 철 지난 옷은 왼쪽 구석에 수납한다. 2. 원피스나 겉옷, 셔츠와 파카, 스커트는 옷걸이에 걸어둔다. 3. 자주 사용하는 머플러는 바구니에 잘 보이게 정리한다. 착용 후 수납할 때는 왼쪽 옷걸이에서 말린 후 바구니에 넣는다. 4. 티셔츠나 트레이닝복 등은 개켜둔다. 현재 입는 계절 옷을 상단에, 철 지난 옷을 하단에 정리한다. 5. 바지는 이곳에 열 벌까지 걸 수 있다. 통풍이 잘되고 사용하기 쉽다. 6. 한 번 입었지만 빨지 않아도 되는 파카나 트레이닝복은 이 바구니 속에 넣는다. 7. 이너웨어나 레깅스는 맞춰 입는 데 서툴러서 야트막한 서랍 속에 차곡차곡 넣어 고르기 쉽게 보관한다. 상단에 속옷, 중간 서랍에는 이너웨어, 아래 서랍에는 레깅스나 스타킹을 넣어둔다.

3. 죽음을 생각하라

인간은 죽으면 맨몸으로 대지로 돌아간다. 이 사실만 망각하지 않는다면 지금 나에게, 내 인생에 진짜 필요한 게 무엇인지 깨닫는 데 도움이 되지 않을까.

사랑하는 사람을 어떻게 떠나보낼까

가족 또는 사랑하는 사람이 죽음을 맞이했을 때 어떻게 배웅받고 싶은지 물어본 적이 있는가. 혹은 그런 질문을 받아본 적이 있는가. 무척 조심스러운 질문이면서 매우 중요한 문제다.

많은 경우 병이 든 후에는 말하지 못할 상황이 되기도 하고 말 꺼내기 조심스러운 분위기가 된다. 남은 가족에게 조금이라도 더 돈을 남기려다 보니 보험이나 연금이 복잡해져버린 사례도 많다. 급작스럽게 죽음을 맞는 경우도 더러 있다.

평소 이 부분에 대해 가족들과 솔직하게 대화를 나눠둔다면 세상을 떠나는 사람이 지나치게 돈 걱정을 할 필요도 없고, 남은 가족도 고인이 희망하는 장례 방법을 선택할 수 있다. 또한 못다한 유언 때문에 원통할 일도 없을 것이다.

장례식은 고인을 기리고 영원한 이별을 고하는 중요한 자리다. 최근 부쩍 자신이 원하는 방식으로 삶을 마감하거나 평소 원하는 방식으로 장례를 치르고 싶어하는 사람들이 많아지고 있다. 가족과 친척들만 모여서 배웅하는 '가족장(家族葬)'이나 장례 의식을 거행하지 않고 바로 화장하는 '직장(直葬)', 그리고 형식이나 관습에 얽매이지 않고 유족이 원하는 대로 절차와 내용을 정해 장례를 치르는 '자유장(自由葬)'이 그것이다.

원래 장례식은 종교나 관습에 따르는 경향이 있지만 최근 삶의 방식이 다양해지면서 신앙이나 관습에 따르지 않고 간소하게 치르려는 경향이 강해졌다. 이는 전통이 유명무실하다고 느끼거나 삶을 정리하는 데 지나치게 많은 비용을 들이는 데 회의를 느낀 사람들이 늘고 있다는 증거다. 개인적으로 특정 종교를 갖고 있지 않다면 '꼭 이렇게 해야 한다'는 고정관념에서 벗어나도 좋지 않을까 생각한다.

일본의 경우 법률로 정한 '사망진단서' '사망신고서' '화장허가서와 매장허가서' 등의 의무적인 항목만 지킨다면 장례식 방법이나 절차에 딱히 정해진 규정은 없다.

나는 한 살 때 죽은 셋째 아들과 친정아버지의 마지막을, 지인인 장의사의 도움을 받아 직장(直葬)으로 배웅한 적이 있다. 아이가 떠났을 때는 너무 갑작스러워서 마음을 추스르지 못하고 장례식을 할 생각조차 하지 못했다. 다만 우리 부부의 사생관(死生觀)에 따라 지금도 집에 불단을 마련해놓고 공양하고 있다. 막상 직장을 해보니 쓸데없는 의식에 신경을 쓰지 않아

꽃 대신 기부를

에다모토 나호미 씨는 어머니의 장례를 치를 때 꽃을 사양하고 '꽃 대신 동일본 대지진 피해자들에게 기부를 해주세요'라고 부탁했다. 부고장에는 '앞으로 필 꽃, 계속 피어날 꽃들에게'라고 썼다. 떠난 이에게도 의미 있는 방식이다.

도 되고 사랑하는 사람을 잃은 슬픔과 찬찬히 마주할 수 있어서 아버지 때도 망설이지 않고 직장을 택했다.

직장을 치르는 데 드는 예산은 도심이라면 20~30만 엔이 적당하다. 아버지 때는 관과 장의차, 화장터에 지불하는 비용(화장료, 골호, 보관료, 음료대), 장의사 사례비, 운전기사 수고비 등이 들었다. 꽃과 사진은 자식들이 직접 준비했고 사망신고서 등 서류 신고 절차도 직접 밟았다. 그런데 이 과정이 뜻밖의 감회를 불러일으켰다. 변변치 못하나마 '정성스레 보내드렸다'는 실감이 났다고나 할까. 이 경험을 통해 우리 부부도 죽음을 맞이하게 되면 자식들이 직장으로 간소하게 배웅해주기를 바라게 됐다.

직장이나 자유장을 선택할 때는 몇 가지 주의해야 할 것이 있다.

우선 묘에 관해서다. 선조 대대로 위패를 모신 절로 단가(檀家, 절에 속해

거실의 부처

야마나카 도미코 씨는 부엌 조리대 수납장에 위패를 모셔두고 있다. 이렇게 했더니 평소에도 자주 열어놓은 채 자연스럽게 보게 되고 손님이 올 때는 닫아둘 수 있어 좋다. 야마나카 씨는 "불단은 약간 화려하게 하자는 주의예요. 그래서 이 수납장 안도 화사한 느낌으로 꾸며놓았죠."라고 말한다.

시주를 하며 절의 재정을 돕는 집 - 옮긴이)가 있는 묘인 경우 그 절에 부탁해서 공양을 올리는 것이 올바른 방법이다. 특정 종교 시설을 선택할 때도 미리 장소를 물색하거나 예약해두면 좋다. 그래야 나중에 묘에 들어가지 못하는 등 문제가 생길 소지를 피할 수 있다. 비단 절뿐만 아니라 예정하고 있는 묘의 인수 절차와 방법을 미리 확인해두어야 한다.

주위 사람들에 대한 배려도 필요하다. 기존의 장례식도 비슷하지만 가까운 친척이 반대를 할 경우 원하는 장례식이 수월하게 진행되지 못할 수도 있다. 그런 일을 방지하기 위해 사전에 고인이 희망한 장례 방법이라는 점을 충분히 전달해야 한다. 또한 장례식에 참가해 마지막 인사를 나누고 싶어하는 친구가 많을 경우 직장이나 가족장으로 치른다면 그 마음을 헤아리지 못하게 되니 섬세하게 방법을 논의해야 한다.

정직하고 사려 깊은 장례업자를 찾는 일도 중요하다. 갑자기 닥친 일이라 우왕좌왕하다 보면 바라던 대로 일이 진행되지 않을 수 있고 중요한 의식인 만큼 후유증도 오래갈 수 있다. 원하는 장례식이 기존의 방법과 다르다면 더더구나 신경을 써야 한다. '우리가 원하는 방식으로 고인을 보내고 싶은' 마음을 이해해주는 장례업자를 미리 알아두는 게 좋다.

묘지를 고를 때는

장례식 이상으로 중요하게 생각해야 할 것이 바로 묘지다. 나는 여동생과 단둘이라 아버지가 세상을 떠난 후 본가의 묘는 여동생이 관리하고 있는데 관리와 납골 등 갖가지 수수료로 목돈이 지출된다. 묘지가 너무 멀어서 찾아가기 쉽지 않아 바꾸는 걸 알아봤더니 환불금도 없고 새 묏자리를 얻는 비용도 부담해야 해서 어려움이 많았다. 묘지가 있으면 남은 가족들 입장에

생전에 쓰던 가구로 넋을 기리다

한 살 때 세상을 떠난 셋째 아들은 집에서 공양하고 있다. 불단에 넣을 적당한 선반을 사기 위해 꽤 알아보았지만 좀처럼 구할 수 없어 생전에 아들이 쓰던 가구를 사용했더니 의외로 잘 어울렸다. 아들에 대한 추억이 깃든 물건이나 유품도 전부 이 안에 넣어두었다. 아들은 직장으로 치르느라 우리 부부의 친구도 부르지 못했지만 특별히 편지를 써준 친구들이 있었다. 의식을 생략해도 마음을 전해주는 사람은 있다.

언젠가는 이곳에?

어느 날 갑자기 자신의 묘를 마련하고 싶어졌다는 오쿠보 미쓰코 씨. 원래 돌이나 마른 가지 줄기를 좋아해서 이런 재료들과 석고 점토를 이용해 주변 환경과 어울리는 작은 모형을 제작하고 있다. 본인의 장례식은 자연장이 좋겠다고 막연히 생각하고 있지만 뼈의 일부를 이 조형물에 넣어 집에서 공양해도 되지 않을까 하는 생각을 하면서 만들고 있다.

서는 찾아갈 곳이 있다는 안도감이 들지만 역시 관리 문제가 만만치 않다.

자손에게 전적으로 의지하지 않는 묘의 선택지로는 영대공영묘(永代供養墓, 일본에서 성묘를 가지 못하는 사람을 대신하거나 성묘할 사람이 없어도 절에서 책임지고 영구히 공양과 관리를 해주는 묘-옮긴이)가 있다. 가족을 대신해서 묘지측이 관리를 해주는 묘로서 둘 이상의 혼령을 한곳에 모아 제사를 지내는 합사(合祀)로 하기도 하고 골호(骨壺) 그대로 안치하는 등 납골 방법은 다양하다. 종교적인 공양을 행하지 않고 많은 사람이 하나의 묘에 잠드는 '합장묘(合葬墓)'도 있다.

또 자연으로 돌아가는 장송(葬送) 형식으로 바다나 산에 유골을 뿌리는 '자연장(自然葬)'이나 묘비 대신에 나무를 심는 수목장(樹木葬)도 인기다. 수목장은 자연장과 달리 묘지로 허가받은 장소에 한정되는데 나무가 많이 있는 자연 속에 잠들 수 있다는 점에서 또다른 만족감을 얻을 수 있다.

(*한국의 경우, 현재까지 주로 납골당, 납골묘, 종교시설 안치, 유택동산 모심, 강이나 산에 뿌림, 자연장(형식에 따라 수목, 잔디, 산림속, 자연에 뿌림 등 다양) 등이 이용되고 있다.)

생전, 사후의 주변 정리

예전에 어떤 가사 전문가를 취재하면서 '60세가 넘으면 인생의 마지막을 생각하고 신변을 정리해야 한다.'는 가르침을 받았다. 체력이 다 소진되기 전에 미리 조금씩 정리를 해두라는 취지다. 이 사실을 잘 알면서도 물건에 둘러싸여 자라온 세대에게는 결코 쉽지 않은 일이다.

하지만 이는 남은 사람들을 위해서라도 반드시 해둬야 할 일이다. 막상 가족 중 누군가가 떠난 후에 물건이 많이 남아 있으면 유품을 정리하는 것도 남은 가족에게는 쉽지 않다. 무엇을 버리고 남겨야 할지도 헷갈리고, 번번이 시간을 내기도 어렵거니와 물건을 보관할 곳도 마땅치 않다. 마음과 체력이 따라주지 않을 때는 전문가의 도움을 받는 것도 좋지만 본인이 살아 있는 동안 한 번쯤 정리를 해두는 것만큼 좋은 방법은 없다.

나의 경우 아버지가 돌아가셨을 때, 아버지 혼자 살던 방의 가구며 물품은 가까이 살고 있던 여동생이 전부 파악하고 있었다. 그래서 아버지가 떠난 후 필요한 서류가 생겨도 바로 찾을 수 있었고, 친인척의 연락처도 금세 알아냈다. 이때 생전의 정리정돈이 얼마나 중요한지를 다시 깨닫게 됐다.

아버지가 소유한 물건은 많지 않았지만 뒷정리는 장의사가 소개해준 전문가에게 부탁했다. 가벼운 트렁크 하나에 집 안에 있는 아버지 물건이 전부 들어가 큰돈이 들지 않았고, 담당자들도 마치 가까운 친척처럼 성심껏 일처리를 해주었다.

최근 일본에는 이런 서비스는 늘고 있는데 자칫 업자를 잘못 고르면 상당한 금액의 청구서가 날아오기도 하고 불법 투기 등의 문제에 말려들 가능성도 있다. 이런 불미스러운 일을 방지하기 위해 '유품정리사 인정협회'(http://www.is-mind.org/)에서는 '유품정리사'의 자격증제를 시행하고 전국의 우량 기업을 소개한다.(최근 한국에도 독거노인들의 고독사가 늘어나면서 유품정리를 해주는 업체들이 생겨나고 있다 - 옮긴이) 이들은 고인이 쓰던 물건을 회수해가기도 하고, 귀중품이 나오면 유족에게 돌려주고 폐기물과 재활용품 등을 적절하게 분류해준다. 비용은 방 하나가 있는 작은 집일 경우 5~7만 엔+처분하는 데 든 실제 비용(약 8천 엔~2만 엔) 정도가 표준 금액이다.

유품정리사 중에는 생전의 정리나 평소의 정리정돈을 해주는 곳도 있다. 혼자 감당하기 버거울 때는 이런 전문업체의 손을 빌리는 것도 나쁘지 않다.

떠난 사람의 유품을 두고 실랑이도 종종 벌어진다. 빨리 정리하고 싶어 하는 가족도 있고, 어떻게든 오래 두고 보관하고 싶어하는 가족도 있기 때문이다. 갖고 싶은 것이 겹치는 경우도 많다. 이런 경우를 대비해 버릴 것과 남길 것을 명확하게 말해두면 가족들 사이의 마찰도 피할 수 있고, 떠나는 사람이나 남는 사람 모두 마음이 편할 것이다.

요시모토 유미 씨가 본가의 물건을 정리할 당시 일화가 있다.

"부모님 앨범에서 제가 모르는 사람이 찍힌 사진을 발견했어요. 나중에 요양시설에 갔을 때 '이 사람 누구야?' 하고 어머니에게 물어봤죠. 혹시 어머니가 돌아가시면 아무도 알려줄 수 없을 테니까요. 그때 어머니는 치매를 앓고 있었는데, 아주 천천히 사진을 들여다보더니 누구인지 알려주시더라고요. 당시의 기억이 되살아난 듯 보였어요."

요시모토 유미 씨의 이야기를 들은 후 물건을 정리하는 것은 비단 자신과 마주본다는 뜻뿐 아니라 가족 간에도 소중한 교감을 만들어낸다는 생각을 했다. 나의 할머니도 언제부터인가 오래된 기록을 정리하기도 하고 자신이 입던 옷을 원하는 사람이 있는지 물어 물려주면서 신변을 정리한다. 그로부터 10년이 지난 지금도 정정히 살아 계시지만 할머니가 본인의 의지로 선택해 내게 물려준 것들은 훗날 소중한 추억이 될 것이다.

나도 언젠가 분명 세상과 이별하게 될 것이다. "오늘은 죽기에 딱 좋은 날이다"라는 인도의 싯구처럼 나도 품위 있게 죽어 맨몸 하나로 대지의 품으로 돌아가고 싶다. 제아무리 많은 물건을 소유한들 죽은 후에 가져갈 수 있는 건 아무것도 없다.

이런 생각을 하다 보면 지금 소중한 것이 무엇인지 저절로 보인다.

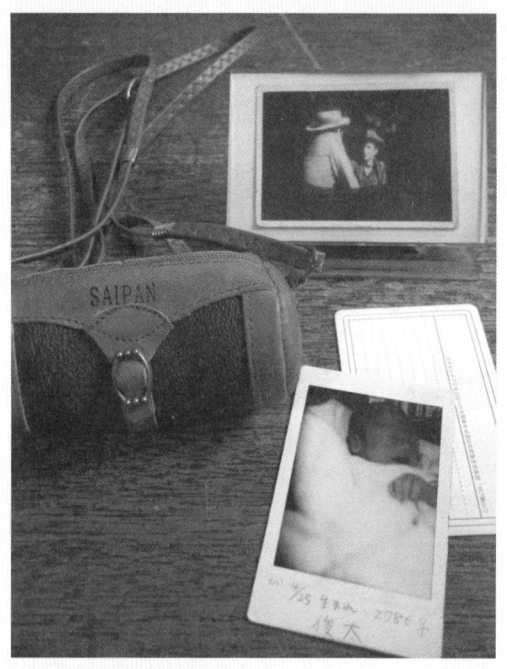

애착이 있는 약간의 유품만 남기다

아버지의 유품을 정리할 때 보관하고 싶은 걸 골랐더니 끝이 없었다. 고민 끝에 나에게 있던 아버지 물건 중 아버지가 유독 애착을 가졌던 물건들만 계속 지니기로 했다. 젊었을 때 텔레비전 화면을 촬영했다는 서부극의 스냅 사진, 몇십 년 전 처음이자 마지막이 된 해외여행에서 아버지가 딸 둘에게 사다 준 작은 가방, 아버지의 지갑 속에 들어 있던 손자 사진과 자동차를 좋아했던 아버지의 마지막 운전면허증.

유품 분배의 적정 시기

에다모토 나호미 씨는 어머니 장례식을 거행할 때 유품 분배를 떠올렸다고 한다. "어머니는 생전에 색종이로 그림 그리기를 즐겼기 때문에 남겨둔 색종이가 300장이 넘었어요. 그런데 불현듯 색지를 나눌 시간이 그때밖에 없다는 생각이 들었죠. 나중으로 미루면 기회가 없을 것 같아서 장례식에 온 분들에게 보여주고 추억으로 자유롭게 가져가도록 했어요. 엄마 친구분들이 생전 엄마와 얘기를 나누듯 대부분 받아가셨어요."

epilogue

홀가분하게
산다는 것의 진짜 의미

아이들이 어린이집에 다니던 무렵 나는 늘 아침부터 밤까지 시간에 쫓겼다. 잡지사 일이 조금이라도 바빠지면 금세 집안은 난리법석이 되고 저녁은 음식점에서 시켜 먹기 일쑤였다. 좋아하는 것들에 둘러싸인 우아한 생활은 현실과 너무 동떨어진 세계였다. 그렇게 야무지지 못한 내 모습에 열등감마저 생길 지경인 나날이었다.

그러던 어느날 야마나카 도미코 씨를 취재하면서 마음이 완전히 바뀌었다. 너무 초조해하지 않아도 되겠구나, 하는 생각이 처음으로 들었달까. 누가 봐도 개성 있는 인테리어가 돋보이는 집에 사는 야마나카 씨도 아이들이 어릴 때는 이상과 완전히 동떨어진 생활을 했고, 50세가 넘어서야 겨우 일과 생활에서 자유로워졌다고 한다. 그 뒤로 지금 할 수 있는 일이 없더라도 '나중에 찾아올 즐거움'을 예약해두자고 생각하니 앞으로 하고 싶은 일, 이루고 싶은 일이 잔뜩 있다는 기대에 오히려 가슴이 설레었다.

그로부터 몇 년이 흘러 이제는 아이들도 꽤 성장했고 엄마 손을 덜 타는 나이가 되었다. 어느새 나도 40대로 들어섰다. 마흔이라는 나이는 묘하다.

서른아홉 살보다 한 살 많은 것뿐인데 왠지 인생의 반환점에 선 기분이다. 마침 동일본 대지진이 터지면서 경제 불황이 닥치고 미래에 대한 불안이 겹치자 나는 잠시 멈춰 섰다. 막연하게 지금까지와는 달라져야 한다는 생각은 있었지만 구체적으로 어떻게 해야 할지도 모르겠고 20대처럼 '일단 달리고 보자'하는 패기도 생기지 않았다.

그러던 어느 밤 텔레비전을 보는데 내가 10대 때 인기 절정이었던 여자 아이돌 가수가 그때 유행했던 노래를 부르고 있었다. 바로 그 순간 그 시절의 풍경이 선명하게 되살아났다. 노래 한 곡을 들었을 뿐인데 중학교 1학년 여름에 놀러 갔던 친구집과 2학년 겨울에 학원으로 달려가던 모습들이 마치 어제 일처럼 되살아났다. 아릿한 그리움에 갑자기 눈물이 솟구쳤다. 그리고 마침내 기억해냈다. 부끄러운 일이지만 내가 그 아이돌이 되고 싶어 했다는 사실을!

이미 돌이킬 수 없는 현실을 그리워하는 마음을 실로 오랜만에 느낀 밤이었다. 하지만 눈물을 거두고 천천히 생각해보니, 언제부턴가 나는 내가 아닌 누군가가 되고 싶다는 생각을 하지 않고 있었다.

'나답게 살고 싶다'라는 생각은 '나로 살 수밖에 없다'는 사실을 인정하는 데서 싹튼다. 그날 밤 우연한 기회에 그 사실을 깨달은 후 '나이 드는 것도 썩 괜찮은 일이구나!' 싶어 마음에 여유가 생겼다. 그리고 아이돌에는 전혀 어울리지 않는 용모나 감각은 물론이고 오랫동안 유지해온 야무지지 못한 성격도 그리 쉽게 바뀔 수 있는 것이 아니라는 사실을 순순히 받아들였다.

이 책은 더 나답게 살아가기 위한 아이디어를 얻고 싶어서 기획하게 됐다. 먼저 살아본 선배들의 이야기를 직접 듣고 싶었다. 마흔이 넘어서야 겨우 다시 돌아보게 된 삶, 새로 시작한 일, 나이가 몇 살이든 간에 마음먹은 대로 실행하는 용기를 가진 사람들의 이야기를 들어보니, 애초에 무엇을 가질지 말지의 문제보다 어른이 된 후의 삶을 어떻게 즐기느냐가 핵심이라는 생각이 든다.

요시모토 유미 씨에게는 고질적인 우울증을 방치하지 않고 과감하게 고향으로 내려가 스스로 문제를 해결해낸 홀가분함이 있다.
야마자키 요코 씨에게는 매사에 전력을 다하되 쌓아두지 않는 홀가분함이 있다.
오쿠보 기이치로 씨와 미쓰코 씨 부부에게는 자연스러운 세상사의 흐름에 몸을 맡기고 '무엇도 정하지 않는' 홀가분함이 있다.
야마나카 도미코 씨에게는 어떤 악조건이라도 뛰어넘어 인생을 즐길 수 있는 발상의 홀가분함이 있다.
에다모토 나호미 씨에게는 소중한 물건을 추리고 그 이상 품지 않는 홀가분함이 있다.

    나이토 미에코 씨에게는 부정적인 기분에 사로잡히지 않는 발상 전환의 홀가분함이 있다.

    이들의 공통점은 아무리 상황이 바뀌어도 '스스로 기분 좋아지게 하는 능력'을 갖고 있다는 점이다. 단순하고 경쾌하지만 경박하지 않고, 홀가분하고 가볍되 단조롭지만은 않다. 이들의 이야기를 듣는 동안, 나이에 구애받지 않고 좋아하는 일을 꾸준히 해나가면 된다는 확신을 얻었다. 그들을 취재했지만 어쩌면 불확실한 내 미래를 취재한 셈이 됐다.

    언제든 다시 시작할 수 있도록, 그리고 누구도 침해할 수 없는 나만의 생활을 뿌리 내리도록, 흔들림 없이 내 길을 걸을 수 있도록 지금의 일상을 한번쯤 되짚어볼 필요가 있다. 그것이 일이든 물건이든 집이든 아니면 또 다른 그 무엇이든.

이시카와 리에

옮긴이 김윤경

한국외국어 대학교를 졸업하고 일본계 기업에서 일본어 통번역과 무역 업무를 담당했다. 바른번역아카데미에서 일본어 번역과정을 수료하고 현재 일본어 전문 번역가로 활발하게 활동 중이다. 옮긴 책으로는 『끝까지 해내는 힘』 『이나모리 가즈오, 그가 논어에서 배운 것들』 『사장의 도리』 『나는 상처를 가진 채 어른이 되었다』 『괴테가 읽어주는 인생』 『10년 후 길을 잃지 않기 위한 중년지도』 『프로의 경지』 『내일을 바꾸는 3분 습관』 등 다수가 있다.

홀가분한 삶

1판 1쇄 펴낸 날 2015년 10월 26일
1판 2쇄 펴낸 날 2015년 11월 16일

지은이 | 이시카와 리에
옮긴이 | 김윤경

펴낸이 | 박경란
펴낸곳 | 심플라이프
등 록 | 제2011-000219호(2011년 8월 8일)
주 소 | 서울시 마포구 양화로11길 46(서교동) 남성빌딩 4층
전 화 | 02-338-3338
팩 스 | 02-332-3339
이메일 | simplebooks@daum.net
블로그 | http://simplebooks.blog.me

ISBN 979-11-86757-02-4   13590

- 저작권법에 의해 보호를 받는 저작물이므로 무단전재와 복제를 금합니다.
- 책값은 뒤표지에 있습니다. 잘못된 책은 구입하신 곳에서 바꾸어 드립니다.
- 이 도서의 국립중앙도서관 출판시도서목록(CIP)은 서지정보유통지원시스템 홈페이지(http://seoji.nl.go.kr)와 국가자료공동목록시스템(http://www.nl.go.kr/kolisnet)에서 이용하실 수 있습니다.(CIP제어번호: 2015024988)